AF308778

CONTRIBUTION A L'ÉTUDE

DE

LA MUSIQUE HINDOUE

PAR

J. GROSSET

BOURSIER D'ÉTUDES PRÈS LA FACULTÉ DES LETTRES DE LYON

Extrait du tome VI de la Bibliothèque de la Faculté des Lettres de Lyon.

PARIS

ERNEST LEROUX, ÉDITEUR

28, RUE BONAPARTE

1888

CONTRIBUTION A L'ÉTUDE

DE

LA MUSIQUE HINDOUE

PAR

J. GROSSET

BOURSIER D'ÉTUDES PRÈS LA FACULTÉ DES LETTRES DE LYON

CONTRIBUTION A L'ÉTUDE

DE LA MUSIQUE HINDOUE

AVANT-PROPOS

Indépendamment de l'intérêt que présente, pour la connaissance de l'esprit humain, l'étude des moindres faits du passé, — surtout lorsqu'il s'agit d'une civilisation qui, comme celle des peuples de l'Inde, remonte aux premières manifestations appréciables de la race indo-européenne à laquelle nous appartenons, — la *musique hindoue* mérite de fixer notre attention et de piquer notre curiosité.

On est frappé, lorsqu'on étudie les littératures primitives, particulièrement celles des peuples de l'Orient, de voir l'importance capitale qu'ont prise à l'origine, parmi les diverses expressions de leur pensée, la poésie et la musique [1]. Ces

1. « Il est des nations entières, les Mahométans par exemple, remarque Schopenhauer, qui en manquent absolument (des arts plastiques) ; mais il n'en est pas où la musique et la poésie fassent défaut. » *Le monde comme volonté :* de l'Esthétique de la Poésie, t. II de la trad. Cantacuzène, page 642.

Nous citons plus loin, p. 14, un passage remarquable où Schopenhauer étudie l'alliance de la poésie avec la musique et fait ressortir la supériorité de la musique dans l'expression des sentiments.

deux arts, si intimement liés qu'ils semblent n'en avoir formé tout d'abord qu'un seul, y tiennent la première place, et apparaissent réunis dans la première forme que semble avoir revêtue la pensée humaine, dans ces *chants* mesurés et rhythmés des antiques populations aryennes, que nous appelons hymnes [1].

« ... Quand il s'agit des temps primitifs, remarque Pictet [2], il est impossible de séparer ces deux modes d'expression de l'âme humaine. Toute poésie commence par des chants populaires et se développe pendant longtemps en intime union avec la mélodie vocale et l'accompagnement musical. Ce n'est qu'aux époques de l'art avancé et réfléchi que la déclamation remplace le chant, et que celui-ci devient par lui-même un moyen puissant d'exprimer les sentiments à l'aide du prestige de la musique. Les langues ont conservé partout des preuves de cette fusion primitive des deux éléments, car partout les poëmes sont des chants, et les poètes des chanteurs. »

« Les premiers épanchements de l'inspiration poétique furent sans doute de courts chants qui décrivaient, en peu de vers et avec une simplicité encore embarrassée, les choses dont les âmes étaient profondément touchées [3]. »

---

1. Dans son récent ouvrage sur l'Histoire de la littérature grecque, après avoir démontré la pratique de la danse et du chant dans les fêtes en l'honneur des dieux, dans les autres occasions de réjouissances telles que les noces et les vendanges, au temps d'Homère ; après avoir établi qu'elle remonte même à une époque bien antérieure à Homère et aux plus anciens poètes lyriques qui nous soient connus, le savant professeur W. Christ ajoute : « Le texte et la mélodie marchent, dans la poésie grecque, la main dans la main jusqu'à l'époque de la guerre du Péloponnèse. En règle générale, en même temps qu'il composait le texte, le poète lui adjoignait la mélodie. Mais, si l'on considère le cours de l'histoire, on voit le développement de la musique précéder celui de la poésie ; on voit des mélodies sur la cithare et sur la flûte se propager dans le peuple, avant que des textes poétiques y aient été adaptés. » — *Handbuch der Klassischen Alterthums-Wissenschaft*. Band VII. Nœrdlingen, 1888, page 86-87.

2. *Les Origines indo-européennes*, Paris, 1859-1863 (1re édition), t. II, p. 477. — Comp. Benfey, article *Indien* dans l'*Encyclopédie d'Ersch et Grüber*.

3. Ottfried Müller, *Hist. de la littér. gr.*, 3e éd., t. II, p. 32 de la trad. de K. Hillebrand.

Ces timides balbutiements de l'homme en face des forces
de la nature, paraissent avoir revêtu le caractère de chants
religieux. C'était une sorte de mélopée naïve, acte d'adora-
tion envers la nature clémente ou redoutable, prière instante
adressée aux puissances divinisées et faisant partie des rites
du sacrifice. Ce furent aussi de véritables conjurations, des
incantations, pour nous servir de l'heureuse expression du
professeur R. Roth [1], auxquelles l'intelligence fortement im-
pressionnable de ces antiques populations accordait un effet
magique.

Aussi loin que nous pouvons remonter dans la littérature
de la Grèce, peut-être mieux connue de nous que celles de
l'Orient, nous entrevoyons dans les chants de deuil et d'hy-
ménée, dans les péans et les thrènes, dans ces « mélodies
populaires accompagnées de paroles plus ou moins expressi-
ves [2] », les germes de ce qui donnera plus tard naissance à
la poésie lyrique ; en même temps que nous saisissons à ses
débuts la poésie épique sous la forme de ces hymnes déjà
plus développés, plus réguliers, et en quelque sorte hiérati-
ques.

Les auteurs de ces hymnes joignaient à leur caractère de
prêtres inspirés celui de poètes et de musiciens. Dans l'Inde,
ces chants sacrés étaient l'œuvre des *r̥ṣis* [3]. En Grèce, les
auteurs à moitié légendaires, auxquels on les attribuait, rece-
vaient la dénomination générale *d'aèdes,* c'est-à-dire de
chantres [4].

1. *Der Atharvaveda in Kaschmir,* p. 10. — Comp. A. C. Burnell, *The Arsheyabrâhmaṇa,* p. 47 de l'*Introduction*

2. Maurice Croiset, *Histoire de la littérature grecque,* 1887, t. I, page 55.

3. D'après certaines autorités (MM. Grassmann, Bergaigne, etc.), « ceux qui
répandent leurs chants » (racine *arṣ* couler, répandre). D'autres rattachent ce
mot à la racine *arc,* célébrer par des chants (M. Regnaud) ; — malgré la difficulté d'expliquer le changement de c en ś (Dict. de St-Pét. art. *r̥ṣi).*

4. « On ne saurait établir par aucune donnée réellement scientifique que les
poètes primitifs de la Grèce aient chanté en vers. Mais il est certain qu'ils chan-
taient » (E. Burnouf, *Hist. de la litt. gr.,* t. I, p. 35). — Ces chants accompagnés au son de la cithare (φόρμιγξ), de la lyre ou de la flûte, présidaient ordinairement à la danse des chœurs. — Voyez Ottfried Müller t. II, ch. 3.

Il s'en suit que, pour avoir une connaissance un peu approfondie de ces productions primitives, l'étude de la musique antique est utile, sinon indispensable. Il est bien difficile de se faire une idée précise des cérémonies du culte aryen [1] et hellénique, dans lesquelles les hymnes du Rig- et du Sâma-Véda, par exemple, étaient psalmodiés ou chantés par des catégories spéciales de prêtres, dans lesquelles les œuvres, perdues pour nous, des Chrysothènes, des Thamyris, des Olen, etc., précédaient ou suivaient l'acte du sacrifice, si l'on n'a pas la moindre notion du caractère que devaient revêtir ces modulations musicales qui, bien loin de n'être toujours que l'accompagnement de la prière, en constituaient parfois, dans les hymnes de Sâma-Véda notamment, la partie essentielle.

Que saurait-on des cérémonies catholiques, et quelle idée pourrait-on se faire des solennités grandioses de ce culte, à l'aide des seuls textes liturgiques; sans le secours, tout au moins, des données du plain-chant — avec lequel, du reste, la mélodie grecque et hindoue présente tant d'analogie?

Mais il y a plus. Dans l'Inde comme en Grèce, et plus qu'en Grèce même, la musique devait faire corps pour longtemps avec la poésie. En cessant d'être prêtre, le poète ne cessa pas d'être un chantre et un musicien. Cette vérité, évidente et indiscutable quand on considère l'ode et le genre lyrique, n'est guère moins sûre pour ce qui concerne l'épopée et le drame.

La musique constituait la partie essentielle de l'ode grecque comme elle fut le premier élément des drames grec et hindou primitifs, comme elle est le fond de la romance et de l'opéra modernes. « L'idée de poésie lyrique, dit Ottfried Müller (t. II, p. 313), à ne parler d'abord que des signes tout extérieurs, rappelle surtout la réunion de la poésie avec

---

1. Chez les Perses, au rapport d'Hérodote (I, p. 132), un mage (μάγος), assistant à chaque sacrifice, chantait une poésie théogonique (ἐπαείδει θεογονίήν).

la musique, le chant aussi bien que la musique instrumentale ».

Pour ce qui est de l'épopée, nous reconnaisons sans peine que l'élément musical était, dans ces compositions, subordonné à la parole, que la poésie n'y était pas, au même titre que dans nos anciennes cantilènes, nos romances et nos opéras, écrite spécialement pour le chant ou même modelée sur lui ; mais il n'en reste pas moins acquis que la musique y jouait encore un rôle important et caractéristique.

Quelle était la véritable nature de ces récitations épiques, il est intéressant de s'en rendre un compte exact.

L'aède nomade, poète et musicien, allait à l'origine de ville en ville, réciter les poëmes aimés, ses œuvres le plus souvent. « Il fallait, nous rapporte M. Maurice Croiset [1], qu'il sût jouer de la cithare et chanter. Il est vrai que cette partie technique de son art était fort simple. Avec un instrument tel que celui dont il disposait, l'effet musical ne pouvait être que subordonné à l'effet poétique. L'aède préludait par quelques notes qui annonçaient le chant et lui donnaient le ton ; c'était là ce qu'on appelait ἀναβάλλεσθαι (commencer). Le récit chanté suivait. Sans doute la cithare ne servait plus pendant ce récit qu'à soutenir la voix de loin en loin, car il est évident qu'il ne pouvait être question d'un véritable accompagnement. Le chant lui-même se réduisait à une sorte de récitatif... Cette manière de chanter, la seule qui puisse convenir au récit épique [2], est encore celle des chanteurs serbes et russes [3] ».

Aux aèdes succédèrent les *rhapsodes*. Avec eux l'usage de

---

1. *Ouvrage cité*, t. I, p. 408.

2. Si l'on objecte la longueur du vers épique, et la difficulté de l'adapter à un chant, nous remarquerons avec M. M. Croiset (p. 70) que l'hexamètre, comme le pentamètre, semble résulter de la soudure de deux membres métriques, d'abord simplement groupés et constituant une sorte de strophe.

3. « Encore de nos jours, les chants héroïques serbes, qui ont très fidèlement conservé leur caractère primitif, sont récités à voix élevée par des chanteurs ambulants, après quelques accords sur la *gurla*, instrument à cordes d'une construction fort simple. » (Ottfried Müller, ouvrage cité, t. II, p. 66.)

la phorminx commença à être abandonné dans les récitations épiques. « Sans doute les progrès nouveaux de la musique avaient rendu les auditeurs plus difficiles ; cet accompagnement primitif semblait monotone et insignifiant ; on y renonça. » Le mot rhapsode finit par désigner une classe d'individus « qui récitaient en public, sans accompagnement musical, des poésies épiques, dont ils n'étaient pas les auteurs [1] ».

Mais l'épopée ne dut pas à ces progrès de l'art musical d'être complètement isolée du chant. Au contraire, l'union reprit bientôt plus intime encore. Car à côté des rhapsodies dont nous parlons plus haut, il y avait, à l'occasion des concours de musique (ἀγών), de véritables chants épiques exécutés avec accompagnement d'instruments à cordes, au milieu d'un appareil pompeux de costumes et d'une sorte de mise en scène [2]. Terpandre passe même pour avoir adapté des mélodies, composées d'après des *nomes* déterminés, aux hexamètres d'Homère ainsi qu'aux siens propres, et, au dire de Plutarque (*De musicâ*, 3), il les chantait ainsi dans les concours.

Il en fut tout-à-fait de même dans l'Inde. Si les grandes épopées du *Mahâbhârata* et du *Râmâyana* étaient parfois, à ce qu'il semble, débitées sur le ton monotonede la récitation orientale faiblement modulée *(pâṭha)*, il est fait mention dans les textes d'un chant véritable. Dans le *Raghuvamça* (*Sarga* XV, cl. 33, 63-69, éd. Calcutta 1832), nous voyons les deux fils de Râma, Kuça et Lava, consoler leur mère, dans son exil, en interprétant l'histoire de leur père sous la direction de Vâlmîki lui-même, leur maître spirituel :

« A peine furent-ils sortis de l'enfance, que, leur ayant enseigné le véda et les védângas, il leur fit chanter son poème, la première voie qui s'offre aux apprentis poètes [3]. »

1. Maurice Croiset, ouvrage cité : p. 414.
2. Comp. Ottfried Müller, ouvrage cité : t. II, p. 69
3. sâṅgaṃ ca vedam adhyâpya kiṃ cid utkrântaçaiçavau |
svakṛtiṃ gâpayâm âsa kaviprathamapaddhatim || 33 ||

Ils vont çà et là propageant l'œuvre de leur maître, et partout leurs accents mélodieux charment les spectateurs :

« Dociles aux leçons de leur *guru*, les deux fils de Sîtâ, Kuça et Lava allaient çà et là chantant le *Râmâyana*, œuvre personnelle du descendant de Pracetas.

« C'est l'histoire de Râma, l'auteur est Vâlmîki, la voix des interprètes égale celle des Kimnaras : que leur faut-il de plus pour captiver l'âme des auditeurs [1] ? »

Ils chantent avec le même succès devant leur père lui-même :

« La grâce exquise de leur personne, la douceur de leur chant avaient été déjà rapportées à Râma ; accompagné de son jeune frère, il fut curieux de les voir et de les entendre.

« Toute au plaisir d'écouter leurs chants, les visages baignés de larmes, autour d'eux l'assistance était comme un bois au matin, à l'abri du vent, ruisselant de rosée.

. . . .

« Quel maître vous a appris à chanter, quel poète est l'auteur de ces chants ? » leur demande le roi lui-même. « C'est Vâlmîki », répondent-ils [2]. »

Cette coutume s'est perpétuée jusqu'à nos jours. Actuellement encore, il existe dans l'Inde des classes spéciales de lecteurs et de chanteurs de la grande épopée hindoue [3].

---

1.   atha prâcetasopajñam râmâyanam itas tatah |
maithileyau kuçalavau jagatur gurunoditau || 63 ||
vrttam râmasya vâlmîkeh krtis tau kimnarasvarau |
kim tad yena manohartum alam syâtâm na crnvatâm || 64 ||

2.   rûpe gîte ca mâdhuryam tayos tajjñair niveditam |
dadarça sânujo râmah çuçrâva ca kutûhalî || 65 ||
tadgîtaçravanaikâgrâ samsad açrumukhî babhau |
himanisyandinî prâtar nirvâteva vanasthalî || 66 ||

. . . .

geye kena vinîtau vâm kasya ceyam krtih kaveh |
iti râjñâ svayam prstau tau vâlmîkim açâmsatâm || 69 ||

3. Nous extrayons ces renseignements intéressants d'une communication de Protap Chandra Roy, datée de Calcutta, 17 juillet 1886 à l'*American Oriental Society*. — Voyez Proceedings at New Haven oct. 1886, p. ii, *(Journal Am. Or. Soc.* vol. XIII).

Les premiers, appelés *pâṭhakas*, soutenus et repris par les *dhârakas*, sortes de correcteurs, récitent, devant un auditoire nombreux, les vers du *Mahâbhârata*. Ils consacrent généralement trois mois à l'œuvre complète, pendant lesquels ils sont magnifiquement traités et rétribués par le maître de la maison où ont lieu les séances. A côté de ces récitateurs de profession, qui sont tous des brâhmanes, les *kathakas* *chantent* le poëme devant une *salle pleine* et sont plus largement rénumérés. Parfois les *pâṭhakas* récitent les vers le matin, et les *kathakas* les chantent le soir, les premiers devant un auditoire instruit, les seconds devant une assistance mêlée.

Si nous passons au drame, nous voyons qu'en Grèce il fut primitivement un chant liturgique (ᾠδή), consacré à la louange de la divinité. Le chœur est presque tout, l'action dramatique ne vient que plus tard et d'abord en seconde ligne.

Dans l'Inde c'était de même, surtout à l'origine [1], à l'occasion de la fête de quelque divinité qu'intervenaient les représentations dramatiques. Le drame hindou nous présente, à côté de la prose du dialogue, des parties lyriques et rhythmées. Ces passages poétiques étaient, pour quelques-uns du moins, chantés avec ou sans accompagnement. Nous avons un moyen facile de nous assurer de cette adjonction musicale; car plusieurs pièces de théâtre hindoues, par exemple *Priyadarçikâ, Uttara-Râma-Caritra, Mâlavikâgni-*

---

1. « Il n'est plus possible de douter, dit M. Barth à propos du travail de M. Weber sur le *Mahabhâṣya* (Ind. St. XIII) de l'existence d'une littérature dramatique assez développée dès l'époque de Patañjali [c'est-à-dire au moins dès la 2ᵉ moitié du II° siècle avant J. C.]. Le spectacle était relevé par des danses et des chants; les sujets, à en juger par les exemples recueillis par M. Weber, étaient empruntés de préférence à la légende de Kriṣṇa, et ainsi se trouve confirmée, de la manière la plus brillante, la supposition de Lassen, que les origines du drame indien sont à chercher dans le culte de ce dieu, à peu près comme celles du drame grec se rattachent au culte de Bacchus. » *(Rer. Crit.*, 28 fév. 1874). — Voyez Lassen, *Indische Alterthumskunde,* t. II, p. 502, seqq. et comparez l'intéressante et érudite Dissertation du Dʳ Ernst Windisch : *Der Griechische Einfluss im indischen Drama.*

mitra, renferment, comme certaines de nos compositions modernes, de véritables représentations intercalaires, qui nous initient aux procédés habituels du théâtre, et à l'occasion desquelles nous prenons sur le fait tout l'attirail scénique des Hindous. Il y est question d'orchestres, de chants, de mimique et de danse ; la scène est encombrée d'instruments de musique, qu'une voix ordonne d'enlever à un moment donné, *(Uttara-Râma-Caritra,* acte VII).

La littérature épique nous offre, elle aussi, un certain nombre de peintures des représentations théâtrales données à l'occasion de fêtes ; ces descriptions renferment parfois une grande abondance de détails fort intéressants pour nous. C'est ainsi que nous assistons dans le *Harivamça* (152° *adhyâya* de l'édition de Calcutta, 1839), à de grandes réjouissances chez les habitants de Svapura, à l'occasion desquelles plusieurs représentations sont données par la troupe du faux acteur Bhadra.

Un concert véritable sert de prélude à la pièce choisie, « Le rendez-vous de Rambhâ » :

8687 « Ces descendants de Bhîma ont bientôt revêtu leur costume, et, sous leur déguisement d'acteurs, ces héros, habitués à des exploits terribles, entrent pour donner la représentation.

8688 Alors ils font retentir les cymbales, les instruments à vent accompagnés du bruit des tambours *muraja* et *anaka,* les divers instruments aux cordes sonores, aux notes harmonieuses.

8689 Alors les femmes de la race de Bhîma chantent l'air appelé *châlikya* sur le mode *gândhâra* usité chez les dieux, véritable ambroisie de l'oreille, charme à la fois de l'esprit et des sens.

8690 Elles chantent, dans l'échelle mélodique fondée sur le mode gândhâra, la « Descente du Gange », elles exécutent avec un ensemble parfait cet *âsârita,* combinaison d'agréables mélodies.

8691 Les Asuras subissent le charme de leur chant que

cadencent les *layas* et les *tâlas;* ils écoutent cette œuvre magnifique, la « Descente du Gange », ô descendant de Bharata, et, ravis, se lèvent à plusieurs reprises.

8692   Pradyumna, Gada et Çâmba le valeureux, qui font partie de la troupe exécutent la *nândî.*

8693   Cette « bénédiction » terminée, le fils de Rukminî récite un *çloka* relatif à la « Descente du Gange », qu'il accompagne d'un jeu savant.

8694   Après quoi vint la représentation de la pièce « Les Entretiens amoureux de Rambhâ et du fils de Kuvera ». Çûra représentait Râvana, Manovatî jouait le rôle de Rambhâ,

8695   Pradyumna faisait Nalakûbara, et Çâmba était son *vidûsaka* [1]..... »

De plus, nous avons encore dans plusieurs drames, et notamment au quatrième acte d'*Urvaçî*, l'indication non seulement des formes métriques employées pour les diverses strophes, mais encore des termes techniques par lesquels on désignait chaque air [2].

Enfin, en l'absence même de toute autre indication, nous pourrions soupçonner l'importance que possède dans la contexture du drame hindou la partie musicale par ce seul fait que c'étaient, d'après la légende, les musiciens célestes et les nymphes du paradis d'Indra, les *gandharvas* et les *apsaras*, qui représentaient devant les dieux en fête les pro-

---

1. La traduction de ce passage du *Harivamça* est rendue difficile par le nombre de termes techniques encore inexpliqués qu'on y rencontre, tels que *châlikya*, *grâmarâga* (voir pourtant Haug: *(Ueber das Wesen and den Werth des wedischen Accents,* 1874, p. 59), *âsârita*, *viddha*, etc. Aussi l'interprétation de plusieurs de ces termes reste-t-elle douteuse. Nous corrigeons *tantrisvaragunair viddhan* avec le *Dict. de Saint-Pét.*, et *râvana*. Notons enfin la forme insolite *agândhâre* de l'édition de Calcutta.

2. A côté du quatrième acte d'*Urvaçî*, nous pouvons citer un véritable drame lyrique, le *Gîtagovinda* de Jayadeva, tout entier composé de chants. (Lassen *Ind. Alterth.*) — Comp. Benfey, article *Indien*, de l'*Encyclopédie d'Ersch et Grüber*, p. 283.

ductions dramatiques du *muni* Bharata ou du poète Vâlmîki [1].

Mais nous avons plus que des indices et des probabilités pour reconnaître au drame hindou son véritable caractère d'opéra mélo-dramatique. Nous pouvons appuyer notre opinion sur des faits et des textes précis. Bharata, dans son Traité sur le théâtre *(Nâtyaçâstra)*, consacre six chapitres [2] (les 28e, 29e, 30e, 31e, 32e et 33e) à l'étude de la musique appliquée au drame. En outre, le 5e *adhyâya* est consacré tout entier à l'exposition des règles du *pûrvaranga*, à l'indication des nombreuses subdivisions de ce prélude-prologue, où dominent les diverses espèces de chants, la musique et la danse. Enfin, comme nous le verrons plus loin — de même que les théoriciens postérieurs rangeaient sous la dénomination générale de *samgîta* les lois concernant non seulement la musique, mais encore la danse, la mimique et l'exécution scénique proprement dite, — Bharata (xxviii, 3, 6) comprend aussi le drame dans la règle de l'*âtodya* ou instrumentation musicale.

Cette prédilection des Hindous pour la musique donne à leurs compositions dramatiques un caractère particulier, et si nous avions à les rapprocher des œuvres de notre théâtre moderne, c'est l'opéra comique, ou une espèce de drame lyrique mêlé de dialogue et de chant, qui nous fournirait la comparaison la plus exacte.

N'en résulte-t-il pas que l'étude du seul texte de ces pièces ne nous en donne qu'une idée imparfaite? Pourrait-on initier, d'une manière même approximative, un étranger à nos représentations d'opéras, en lui mettant entre les mains le simple libretto? Les paroles ne sont elles pas le plus souvent un accessoire de pure harmonie sonore, par-

---

1. Voir *Vikrâmorvaçî* acte II, III; et *Uttara-Râma-Caritra* acte VII; ainsi que le *Nâtya-Çâstra* de Bharata : *adhyâya*, I, *çl.* 24 et suiv. (inédit).

2. Dans le 17e *adhyâya* (le 19e d'après le ms. de G), Bharata touche déjà quelques points de la théorie musicale; il énumère les sept notes de la gamme, les trois organes producteurs des sons, etc.

fois même dépourvu de sens [1], et méritent-elles d'attirer toute notre attention, au détriment de la partie essentielle, de celle qui rend le mieux la pensée de l'auteur, de la partie musicale [2]?

1. « Le sinologue Davis, dans son Avant-propos à la traduction du *Laon-Sang-urh* ou « An heir in old age ». (Le vieillard héritier, Londres, 1817), remarque que les drames chinois se composent en partie de stances rimées, destinées à être chantées; puis il ajoute : « Le sens en est souvent fort obscur, et, de l'aveu des Chinois, leur but est avant tout de plaire à l'oreille : à cet effet, l'on néglige la signification, et, au besoin, on la sacrifie entièrement à l'harmonie ». En lisant cela, ne pense-t-on pas immédiatement à certains chœurs des tragédies grecques, dont le sens est si difficile à déchiffrer? » — (Schopenhauer. *Le monde comme volonté : De l'esthétique de la poésie*, p. 649, tome II de la trad. Cantacuzène).

2. « Puisqu'il est parfaitement établi que la musique, loin d'être un simple auxiliaire de la poésie, est un art indépendant, le plus puissant entre tous, et atteignant son but entièrement par ses propres ressources, il est certain également qu'elle peut se passer des paroles d'un chant, ou de l'action d'un opéra. La musique, en tant que musique, ne connaît que des sons, sans connaître les causes qui les produisent. En conséquence, la voix humaine aussi n'est pour elle, primitivement et essentiellement, autre chose qu'un son formulé comme celui de tout autre instrument, et possède, comme tout autre son, les avantages et les inconvénients spéciaux, résultant de l'instrument qui le produit. Il se trouve, dans le cas présent, que *ce même instrument peut servir, en outre, comme instrument du langage, à la communication des notions;* mais c'est là une circonstance accidentelle, dont la musique peut profiter accessoirement pour faire alliance avec la poésie, mais dont elle ne doit jamais faire la chose principale; jamais elle ne doit porter son attention exclusive sur le sens des vers, qui sont le plus souvent et même (ainsi que Diderot le donne à entendre dans le Neveu de Rameau) *qui sont nécessairement tout-à-fait insignifiants.* Les paroles sont et seront toujours pour la musique une addition étrangère, et d'une valeur subordonnée, car *l'effet des sons est incomparablement plus énergique, plus infaillible et plus prompt que celui des paroles : incorporées à la musique, elles ne doivent donc jamais vouloir primer, elles doivent se plier.*

« Le rapport est tout autre quand il s'agit de paroles données, chanson ou texte d'opéra, auxquelles on adapte une musique. Dans ce cas, l'art musical aura bien vite fait de nous montrer son pouvoir et sa supériorité; *il nous donnera l'interprétation la plus profonde, la plus parfaite et la plus cachée des sentiments exprimés par les paroles, ou des actions représentées par l'opéra: il nous dévoilera leur essence la plus réelle, et nous fera connaître l'âme même des situations et des événements dont la scène ne nous représente que l'enveloppe et le corps.........*

« La raison, alors même qu'on parle devant elle la langue du sentiment, n'aime pas à rester entièrement inactive. Quoique la musique ait la faculté d'exprimer par ses seules ressources chaque sentiment, chaque émotion, l'addition des pa-

Est-ce à dire que nous puissions espérer reconstituer de toutes pièces un opéra hindou, texte et partition, autrement dit avec le chant, la musique et la danse? Assurément non. Mais si nous ne saurions restituer les productions musicales de l'Inde, ne devons-nous pas, à l'aide des nombreux traités existant sur la matière, essayer de comprendre dans ses traits essentiels la théorie musicale des Hindous et de nous rendre compte de la différence assez sensible qui existe entre leur façon d'entendre cet art et nos idées modernes.

On peut ajouter d'ailleurs que nous avons un moyen facile de nous représenter ce que devait être le drame hindou considéré dans l'intégrité de ses éléments. L'Inde est un des pays où les traditions se perpétuent avec le plus de fixité. Malgré les nombreuses invasions qu'eut à supporter ce pays aux diverses époques de l'histoire, et qui ont eu leur contre-coup obligé sur les mœurs, la littérature et les sciences, — grâce à la force de résistance et à la conservation de certaines écoles religieuses, grâce surtout à la renaissance littéraire du commencement de ce siècle, — nous pouvons saisir dans l'Inde, encore à l'heure actuelle, comme le reflet des cérémonies, des théories et des œuvres du passé.

Pour le drame notamment on signale *actuellement* au Bengale des représentations populaires, appelées *yâtras* [1]

roles nous donne en plus les objets de ces sentiments, les motifs de ces émotions. La partie musicale, la partition d'un opéra a une existence entièrement indépendante, séparée, et pour ainsi dire abstraite; elle n'a rien de commun avec l'action et les personnages du libretto, et elle suit ses règles spéciales et invariables : aussi produit-elle son plein effet, même sans le texte. *Mais comme cette musique a été composée en vue du drame, elle s'en est faite en quelque sorte l'âme ; par son union avec les événements, les personnages et les paroles, elle est devenue l'expression de la signification intime de toute l'action et de la nécessité dernière et cachée de tous ces événements.* » (Schopenhauer, *Le monde comme volonté : De la métaphysique de la musique*, t. II de la trad. Cantacuzène pp. 678, seq.).

1. Voyez Wilson : *Chefs d'œuvre du théâtre indien*, trad. Langlois, I, préf. p. IX ; II, p. 390 — et surtout la thèse de Nisikânta Chattopâdhâya : *The yâtrâs, or the popular dramas of Bengal*, London, 1882.

Dans les provinces occidentales de l'Inde les yâtras sont remplacés par des

Ces pièces sont composées en bengali moderne, par des représentants de la classe instruite, sur certaines données du *Râmâyana* et du *Mahâbhârata*, tout particulièrement sur des épisodes de la vie de Krišna, à l'imitation des drames sanskrits. Or, dans ces drames, les chants et l'élément lyrique tiennent la place principale : le dialogue — cette partie essentielle du drame — est souvent laissé à l'improvisation de l'artiste [1], ou écrit avec peu de soin et de développement, tandis que les vers, la musique, la mimique et la danse sont traités avec un souci tout particulier.

Nous croyons en avoir assez dit pour être autorisé à affirmer, en concluant, l'importance capitale de l'art musical parmi les productions des peuples aryens et particulièrement des Hindous, et pour justifier l'intérêt qui s'attache à son étude. Elle ne saurait, du moins sans inconvénients, être disjointe de l'étude générale du théâtre dont elle fait partie intégrante.

Mais la musique hindoue, pour nous en tenir à celle-là, est très peu connue en France. Si nous exceptons l'ouvrage bien ancien de La Fage, sur l'*Histoire générale de la musique et de la danse,* et les quelques chapitres de J. Fétis dans son *Histoire de la musique dans l'antiquité,* t. II, nous ne sachons pas qu'elle ait fait chez nous l'objet d'une étude approfondie. Le travail de Fétis n'est, comme on le comprend du reste, et ne pouvait être qu'un travail de seconde main. La connaissance des textes, les textes mêmes lui manquaient pour établir sa théorie de la musique hindoue. Aussi ne doit-on pas s'étonner si ses affirmations et ses conclusions sont si souvent sujettes à caution. Les seuls ouvrages qu'il avait à sa disposition, ceux de W. Jones, du capitaine Villard, d'Ouseley, de Paterson, etc. datent des

productions analogues, les *râsas,* sortes de ballets accompagnés de chansons et de gestes mesurés qui représentent également les aventures de Krišna ou de Râma (Wilson, *endroit cité; —* Lassen, *Ind. Alterth.* II, 504 ; IV, 815-16).

1. Comparez ce que dit Wilson d'un drame sanskrit de la fin du siècle dernier le *Citra-yajña* : ouvrage cité, t. II, p. 387.

commencements du siècle. A vrai dire la musique hindoue
était à peu près lettre morte avant les remarquables publications du râja Surindro Mohun Tagore, et les études du râja
Râm Dâs Sen, ces dernières écrites en bengali, et par cela
même d'un abord difficile.

Les traités sur la matière ne manquent pas cependant, et,
indépendamment de ses autres ouvrages, Mohun Tagore a
fait beaucoup pour l'intelligence de son art de prédilection,
en publiant une compilation d'anciens textes sanskrits sous
le titre de « *Samgîta-Sâra-Samgraha* [1]. (Calcutta, 1875).

C'est dans le but de fournir aux spécialistes de nouveaux
éléments d'appréciation que nous avons entrepris l'étude de
la musique hindoue et la publication de textes inédits. Nous
donnons aujourd'hui un des chapitres du Traité de Bharata sur le théâtre, en attendant la publication complète
de l'ouvrage. Ce chapitre, le vingt-huitième, renferme la
partie la plus importante de la théorie musicale des Hindous.
La date de l'ouvrage est relativement ancienne. Bien que
nous ne sachions encore rien de bien précis à cet égard,
nous pouvons, sans trancher la question, admettre qu'elle se
place au moins entre les deux derniers siècles avant l'ère
chrétienne et les trois ou quatre siècles suivants. En tout cas
l'ouvrage est bien antérieur à tous ceux dont nous connais-
sons l'existence sur la matière ; c'est dire quelle en est l'importance.

Notre travail devait avoir tout d'abord une extension bien
plus considérable que celle que nous lui ayons donnée fina-
lement. Mais le défaut de place et les nécessités de la publi-

---

1. Une très intéressante et très utile *Revue*, la *Kâvya-mâlâ*, fondée depuis
trois ans avec un plein succès à Bombay, par le propriétaire de la « Nirṇaya-
Sâgara Press », et qui a déjà commencé à donner un choix d'ouvrages sanskrits,
empruntés surtout à la littérature si riche et si peu connue encore du moyen-âge,
annonce la publication prochaine de plusieurs Traités de Musique, parmi lesquels nous relevons le *Samgîta-darpaṇa* de Dâmodara, le *Samgîta-ratnâkara*
de Çârngadeva, le *Samgîta-parijâta* de Aho-Bala (déjà édité par le paṇḍit Jîbâ-
nanda Vidyâsâgara. Calcutta, 1884), etc.

cation dans laquelle on a bien voulu l'accueillir nous
obligent à réduire notre plan primitif.

Nous nous étions proposé de faire précéder la publication
du texte de Bharata d'un *Essai sur la musique des Hindous :*
nous y avions rassemblé la plupart des données recueillies
sur le sujet, tant dans Bharata même que dans les autres
textes sanskrits actuellement publiés, dans les ouvrages de
Mohun Tagore, de Râm Dâs Sen et des auteurs européens

Cet Essai débutait par une *Partie historique et bibliogra-
phique;* puis venait une *Etude préliminaire sur la musique
védique d'après les hymnes et la littérature exégétique.* Nous
arrivions ensuite au cœur même du sujet, qui était l'*Exposé
des éléments de la musique hindoue à l'époque classique;* et
le point de départ de ce chapitre était l'*adhyâya* même de
Bharata, dont nous complétions les données à l'aide des remarquables et très utiles publications de Mohun Tagore.
Enfin, après un *Résumé sur certains points complémentaires
de la théorie musicale,* traités plus à fond par Bharata dans
les *adhyâyas* non encore dépouillés complètement, nous de-
vions conclure en essayant de définir la nature de cette musique hindoue et d'indiquer quels rapports elle présente
avec la musique occidentale.

Nous avons dû remettre à une date ultérieure l'exécution
complète de ce plan, et nous borner à l'impression de ces
quelques pages. Nous les considérons comme une amorce de
l'Etude détaillée que nous espérons pouvoir faire paraître
très prochainement.

En attendant, nous présentons aujourd'hui au lecteur le
texte du **28ᵉ** *adhyâya* du *Bhâratîya-Nâ ya-Çâstra.* Nous en
donnons une interprétation parfois littérale, parfois considé-
rablement réduite, ou même résumée, suivant les besoins,
sous forme de tableau. Nous ne nous dissimulons pas la
difficulté de la tâche et l'imperfection de l'œuvre. C'est une
ébauche, et, nous en avons conscience, une ébauche imparfaite. Tel qu'il est cependant, ce travail pourra peut-être offrir
quelque utilité. Notre principal but, en l'entreprenant, a été,

nous l'avons déjà dit, de fournir de nouveaux éléments d'appréciation et d'études à ceux qu'une connaissance plus complète que la nôtre des phénomènes musicaux pourra mettre à même de traiter plus sûrement ces questions si délicates et si complexes de rhythme, de mesure, de nombre et d'harmonie.

REMARQUES PRÉLIMINAIRES

CONCERNANT L'ÉTABLISSEMENT DU TEXTE DU 28e ADHYAYA

Le texte du 28e *adhyâya* du *Bhâratîya-Nâtya-Çâstra* a été établi d'après les deux manuscrits sanskrits déjà connus par les travaux de MM. Fitz-Edward Hall, Heymann et Paul Regnaud. Le premier, en caractères *devanâgaris,* sur papier indien appartient à M. Hall, le second, en caractères *granthas,* sur feuilles de palmier, est la propriété de l'*Asiatic Society* de Londres.

Nous les désignons, après M. Paul Regnaud, par les lettres A et G. [1]

Le texte de ce chapitre est en *çlokas* mélangés de prose

1. On doit à M. Fitz-Edward Hall, le savant indianiste bien connu, la publication des *adhyâyas* dix-huit, dix-neuf, vingt, et trente-quatre. Il en a donné le texte à la suite de son édition du *Daçarûpa (Bibliotheca Indica,* new series n°[s] 12, 24 et 82. Calcutta, 1861-65).

M. W. Heymann a publié dans les *Nachrichten von der Kœnigl. Gesellschaft der Wissenschaften und der G. A. Universitœt zu Gœttingen* (25 février 1874, pages 86-107) une étude approfondie des mss. de Bharata : *Ueber Bharata's Nâtyaçâstram,* à laquelle nous renvoyons le lecteur.

Les travaux de M. Paul Regnaud sur Bharata sont bien connus et justement appréciés. Il a publié successivement :

Le *dix-septième chapitre du Bhâratiyanâtya-çâstra.* Paris, Leroux, 1880.

La *Métrique de Bharata,* texte sanskrit de deux chapitres du même ouvrage (seconde moitié du 15e et 16e chapitre). Paris, Leroux, 1880.

Enfin les *sixième et septième chapitres* à la suite de son ouvrage sur la *Rhétorique sanskrite* (Paris, *Leroux,* 1884), couronné par l'Académie des Inscriptions et Belles-Lettres.

C'est par l'entremise de M. Paul Regnaud que les manuscrits de M. F.-E. Hall et de l'*Asiatic Society* ont été laissés à notre disposition ; c'est grâce à ses leçons et à ses conseils incessants que nous avons pu entreprendre cette première publication.

et de vers *âryas*. L'état des deux manuscrits laisse beaucoup
à désirer : les variantes sont nombreuses, les leçons diffèrent sensiblement en plus d'un endroit.

Le ms. G présente, en dehors de nombreuses divergences
de détail, des déplacements importants coupés de lacunes,
comparativement au texte de A. L'ordre des *çlokas* est in-
terverti notamment du *çl.* 11 au *çl.* 21, du *çl.* 48 au *çl.* 54 ;
enfin, à partir du *çloka* 78, le désordre est tel que nous avons
dû, faute de pouvoir indiquer clairement en note les déplacements et les rapprochements, donner à part, jusqu'à la fin
de l'*adhyâya,* le texte de G en appendice.

Nous constatons en outre des intercalations évidentes et
des lacunes. Parmi les passages intercalés, nous signalerons
les 4 *çlokas* 108-111 empruntés à A et qui manquent dans G.
Rien n'annonce le développement en question, qui se termine, du reste, par un fragment de *pada,* suivi d'une lacune.
Nous ferons la même observation pour les *çlokas* 39-40, pris
cette fois dans G et qui font défaut dans A. Nous avons encore des raisons de croire à une lacune après le *çloka* 80
qui ne satisfait pas au développement annoncé.

Certaines répétitions de mots, de phrases entières, sont
dues à l'inattention du copiste (par ex. dans A : les 4 hémis-
tiches intercalés à l'intérieur du *çloka* 45, les quelques lignes de prose entre *çl.* 81 et 82 ; l'hém. 144 *a* répété après
145. — Dans G : les deux hém. 91 *b*, 92 *a*, les 3 hém. 91-93
intercalés *çl.* 134, et qui reviennent plus loin régulièrement,
fondus en 2 hém,… etc.).

En plus d'un endroit, le mauvais état des mss., qui gar-
dent des traces de remaniements évidents, rendent peu sûrs
l'établissement du texte et son interprétation. Nous avons
pris comme règle de mettre entre crochets les passages
douteux. Nous avons dû, en outre, hasarder certaines resti-
tutions : nous les avons réduites au strict nécessaire, et nous
y avons procédé avec la plus grande réserve. En général,
nous étions autorisé à les faire par les variantes qu'offrait
l'un ou l'autre de nos mss. ; c'est parfois la grammaire, le

mètre, parfois le sens qui nous ont guidé. Nous n'avons pas cru devoir justifier chaque fois ces corrections en note; mais chaque fois nous les signalons en donnant la leçon du ms. modifié.

Nous n'insisterons pas ici sur les remarques de détail que nécessiteraient nos manuscrits, pour lesquelles nous renvoyons à l'article de M. W. Heymann.

Il est cependant certaines observations que nous devons présenter brièvement car elles nous dispenseront de développer outre mesure les variantes. Elles portent toutes sur l'*adhyâya* que nous publions et concernent les particularités que nous avons relevées dans la méthode grammaticale et l'orthographe habituelles aux manuscrits.

Ils redoublent presque toutes les consonnes après *r* : ils écrivent par exemple : *karttavya, mûrcchanâ*.

Ils n'observent pas toujours les règles de transformation du *ṛ* voyelle en la semi-voyelle correspondante *r* après une autre voyelle [1], même dans les passages écrits en prose (A : p. 27, l. 19, 21; p. 29, l. 4; p. 30, l. 4, 11, 18; p. 31, l. 11.— G. : p. 28, l. 2, etc.). Dans les textes versifiés, notons que, indépendamment des nécessités du mètre, le fait se passe généralement à la fin d'un pada (*çl.* 22 *a*, 157 *b*, etc.), où les règles du *samdhi* ne sont pas toujours strictement appliquées (*câtra eko* 136, *caiva* n° 146 *b*.).

Enfin, nos mss. substituent ordinairement l'un et l'autre l'*anusvâra* aux différentes nasales devant presque toutes les muettes, même les dentales et les palatales.

Ex. : *mârddamgikah* au lieu de *mârdaṅgikah* (*çl.* 5 *a*);
      gâmdharvam au lieu de *gândharvam* (*çl.* 8 *b*);
      vyamjanâni au lieu de *vyañjanâni* (*çl.* 16 *a*); etc.

Nous avons adopté pour tous ces cas la transcription généralement suivie, celle du *Sanskrit-Wörterbuch* de

---

1. Ce *samdhi* archaïque se constate fréquemment dans les mss. Voyez à ce sujet : Weber, *Ind. Studien*, VIII, p. 164; — Burnell, *The Arsheyabrâhmaṇa, Introd.* p. x.

MM. Böhtlingk et Roth. Nous n'indiquons pas en note les modifications de ce genre que nous faisons subir au texte de nos mss.

Il en est de même pour certaines habitudes particulières à G. Par exemple il conserve à peu près toujours la dentale sourde devant une sonore, à l'intérieur comme à la fin d'un mot : *tasmât gâmdharvam* au lieu de *tasmâd gândharvam* (*çl.* 9 *b*); *šatja*, au lieu de *sadja;* etc.; sans s'astreindre à une méthode rigoureuse. Il fait subir encore aux sifflantes l'assimilation régressive, en restreignant l'emploi du *visarga : gâyanas saparigrahah*, au lieu de *gâyanah saparigrahah* (*çl.* 4 *a*); *niççesaç çiçirakâle* au lieu de *nihçešah çiçirakâle* (*ârya* 36 *b*); *çuddhâs šatjagrâme* au lieu de *çuddhâh šadja-grâme*, etc. Il eût été trop long comme sans intérêt de signa-ler toutes ces variantes.

Nous pouvons noter rapidement quelques autres observa-tions de moindre importance :

A présente quelques traces de prâkritisme : il écrit *sukhi-ram* pour *suširam (çl.* 1 *b*, 2 *b*); *khadja* pour *šadja* (p. **27**, l. 16, etc.)

Il supprime parfois la consonne terminant un mot quand le mot suivant commence par cette même consonne : *ta jñeyam* pour *taj jñeyam (çl.* **8** *b*); *bhave nyâso* pour *bhaven nyâso (çl.* **124** *a*, **149** *a*).

Enfin il écrit généralement *patra* et non *pattra; tatva* et non *tattva*, etc.

G présente presque à chaque ligne des exemples de *d* correspondant, à l'intérieur ou à la fin des mots, à *a* suivi de l'*anusvâra;* parfois c'est l'inverse qui a lieu *(ghand* pour *ghanam, çl.* 1 *b; pâdabamgdç* pour *pâdabhâyah, çl.* **20** *b*, etc.).

Il remplace très souvent *ç* par *g*, surtout après l'*anus-vâra : vâmgas = vamças (çl.* **10** *a*), *yatrâmgas = yatrâmçah* (p. **27**, l. **13**), etc.

Si nous ne craignions de développer outre mesure ces remarques préliminaires, nous aurions à signaler encore certaines irrégularités relatives au mètre. On s'explique ai-

sément quelques-unes de ces licences par la difficulté qu'il y
avait de faire entrer dans le vers les longs mots techniques
si fréquents dans ce chapitre, par exemple ceux qui désignent les *jâtis*.

Nous expliquons par ce fait l'instrumental fautif *ārṣābhī-
bhyām*, et le nominatif *ārṣābhī*, qui présentent toujours dans
nos âryas le second *a* long (çl. 52, 53 seqq.), alors qu'il est
marqué bref dans les autres passages de l'*adhyâya*.

Les vers sont dans A séparés, sauf omission, par un trait
vertical, sans numérotation. G sépare d'une façon très irré-
gulière. Quant aux passages en prose, A les partage ordinairement en phrases, mais le plus souvent à contre sens.
G. n'observe à ce sujet aucune règle précise : le plus souvent
il met les phrases, comme les vers, bout à bout. Nous n'indiquons pas toujours en note ces particularités [1].

Nous terminerons par quelques courtes indications concernant la disposition des variantes.

Nous avons suivi généralement la leçon de A, à moins que
les variantes fournies par G ne présentâssent un texte plus
complet ou plus explicite, — auquel cas les notes indiquent
toujours la leçon de A. Ces variantes ont été reportées au
bas de chaque page avec des numéros qui renvoient à la
ligne correspondante du texte. A partir du *çloka* 78, nous
avons dû, ainsi que nous l'avons expliqué déjà, reléguer en
appendice le texte, numéroté par lignes, de G, auquel renvoient les notes du bas des pages. Nous lui avons conservé,
— comme à nos autres variantes, — la forme barbare sous
laquelle le manuscrit le donne. Cette méthode a peut-être
l'avantage de donner la reproduction exacte de certaines
parties de nos manuscrits, et de permettre ainsi de juger
de leur état de conservation et de leur degré de correc-
tion.

---

1. Nous remarquons dans A, à la fin de l'*adhyâya*, une erreur de pagination.
Le copiste donne à deux feuillets successifs le même numéro 144. Une glose
marginale nous avertit, dans la seconde, de la méprise. La voici : *ekāṅkapat-
tradvayam* (ms. °*patra*°) c'est-à-dire : « un même chiffre pour deux feuillets ».

BHÂRATÎYANÂTYAÇÂSTRAM

[ATHÂṢṬÂVIMÇATIMO'DHYÂYAH]

[jâtilakṣaṇo nâma (A)]
[âtodyavidhir nâma (G)]

1 âtodyavidhim idânîm vakṣyâmaḥ. tad yathâ.
  tatam caivâvanaddham ca ghanam suṣiram eva ca |
  caturvidham tu vijñeyam âtodyam lakṣaṇânvitam || 1 ||
  tatam tantrîkṛtam jñeyam avanaddham tu pauṣkaram |
5 ghanam tâlas tu vijñeyaḥ suṣiro vamça eva ca || 2 ||
  prayogas trividho hy eṣâm vijñeyo nâṭakâçrayaḥ |
  tatam caivâvanaddham ca tathâ nâṭyakṛtaç ca yaḥ || 3 ||
  tate kutapavinyâso gâyanaḥ saparigrahaḥ |
  vaipañciko vainikaç ca vamçavâdas tathaiva ca || 4 ||
10 mârdangikaḥ pâṇavikas tathâ dârduriko budhaiḥ |
  avanaddhavidhâv eṣaḥ kutapaḥ samudâhṛtaḥ || 5 ||
  uttamâdhamamadhyâbhis tathâ prakṛtibhir yutaḥ |
  kutapo nâṭyayoge tu nânâdeçasamâçrayaḥ || 6 ||

1 atodya A, G. vyâkhyâsyâmaḥ G. tad yathâ manque dans A. — 2 ghanâ G.
sukhiram A. — 4 tatri° A. tantrîgatâ G. uvanaddham G. — 5 tâlam G. sukhiro
A. vamça ucyate | G. — 7 tataç A. °avanaddhaç A. nâtyakṛtâçrayaḥ | G. — 8 ta-
taḥ A. kṛtapari° G. — 9 vamçavâdaka eva ca | G. — 10 pâṇavikaḥs A. dârdurikâ
A. dârdariko° G. — 11 avanarddha G. eṣa kṛtapas G. — 12 yutaiḥ | G. — 13
°yogo'tra G.

1 evaṃ gîtam ca vâdyam ca nâtyam ca vividhâçrayam |
  alâtacakrapratimam kartavyam nâtyayoktṛbhih || 7 ||
  yat tu tantrîkṛtam proktam nânâtodyasamâçrayam |
  gândharvam iti taj jñeyam svaratâlapadâçrayam || 8 ||
5 atyartham iṣṭam devânâm tathâ prîtikaram punah |
  gandharvânâm ca yasmâd dhi tasmâd gândharvam ucyate || 9 ||
  asya yonir bhaved gâtram vînâ vamças tathaiva ca |
  eteśâm caiva vakṣyâmi vidhim svarasamutthitam || 10 ||
  gândharvam trividham vidyât svaratâlapadâtmakam |
10 trividhasyâpi vakṣyâmi lakṣaṇam karma caiva hi || 11 ||
  dvyadhiṣṭhânâh svarâ vainâh çârîrâç ca prakîrtitâh |
  ubhâbhyâm api vakṣyâmi vidhânam lakṣaṇânvitam || 12 ||
  svarâ grâmau mûrchanâç ca nânâsthânâni vṛttayah |
  svanasâdhâraṇe varṇâ hy alaṃkârâh sadhâtavah || 13 ||
15 çrutayo jâtayaç caiva vidhisvarasamâçrayâh |
  dâravyâm samavâyo 'yaṃ vînâyâm samudâhṛtah || 14 ||
  svarâ grâmâv alaṃkârâ varṇâh sthânâni jâtayah |
  sâdhâraṇe ca çârîryâṃ vînâyâm eśa saṃgrahah || 15 ||
  vyañjanâni svarâ varṇâh saṃdhayo 'tha vibhaktayah |
20 nâmâkhyâtopasargâç ca nipâtâs taddhitâs tathâ || 16 ||
  chandovidhânam ca tathâ jñeyah padagato vidhih || 17 ||
  anibaddham nibaddhaṃ ca dvividhaṃ tat padam smṛtam |

---

1 evaṃ gânaṃ G. — 3 tantrigatam proktâ tad âtodya° G. — 4 ta jñeyaṃ A. vijñeyaṃ G. padâtmakam | G. — 5 prîtikarâ G. — 6 gandharvâṇaṃm idam yasmaṃt tasmât G. — 7 gânaṃ G. vâṅgas G. — 8 °samutthitâm | A. — 9-7 A partir d'ici G relativement à A présente des déplacements dans l'ordre des çlokas, et des variantes considérables. Nous indiquons d'après notre numérotation l'ordre de G ; les chiffres en italique s'appliquent aux lignes de la page suivante : 11, 12, 9, 10, 13, 14, (14 *bis*), 15, 16, 17, 18, *2, 3, 4, 5, 6,* 19, 20, 21, 7. Le texte de cette énumération paraît du reste avoir subi dans A comme dans G des altérations. — 10 caiva karmabhih | G. — 11 svarâh A. vyadhiṣṭhânâ surâ jñeyâ vaiṇâç çârîrakâç ca te | G. — 12 eteśâm caiva A. vidhiṃ svarasamutthitam | G. — 13 svarâç ca çrutayo grâmo mûrchânâ sthânasamyutâh | G. 14 suśkaṃ sâdhârano varṇo A. G consacre 2 hém. au même objet : svanaṃ sâdharaṇe caiva jâtayo 'ṣṭâdaçaiva ca ' varṇâç catvara eva syur alaṃkârâç ca dhâtavah || — 15 vṛttayo jâtayaç caiva kṛṣṇam karaṇam eva ca— G. — 16 dâvyâm G. hi svarâçrayah | G. — 17 svaram A. varṇâ A. svarâ grâmau tathâ sthânam jâtyas sâdhâraṇakriyâm | G. — 18 alaṃkâraç ca varṇâç câ gîtayça ca çarîrajâh | G. — 20 nâmâvyo° G. kṛtah | G. — 21 chando vṛtto nijâtyaç ca nityam padagatâtmakâh | G. Le çl. 17 n'a plus qu'un hémistiche. — 22 manque dans G.

1 atas tâlagatasyâpi sampravakšyâmi vai dvijâh || 18 ||
âvâpas tv atha niškrâmo vikšepo 'tha praveçanam |
çamyâtâlah samnipâtah parivartah savastukah || 19 ||
mâtrâpramânabîjâni vidârî ca yatir layah |
5 gîtayo 'vayavâ mârgâh pâdabhâgâh sapânayah || 20 ||
ity ekavimçako jñeyo vidhis tâlagato budhaih |
gândharvasamgraho hy eša vistaram tu nibodhata || 21 ||
tatra svarâh.
šadjaç ca ršabhaç caiva gândhâro madhyamas tathâ |
10 pañcamo dhaivataç caiva saptamaç ca nišâdavân || 22 ||
caturvidhatvam etešâm vijñeyam çrutiyogatah
vâdî caivâtha samvâdî hy anuvâdî vivâdy api || 23 ||
tatra yo yatrâmçah sa tatra vâdî.
yayoç ca navatrayodaçakam parasparatah çrutyantare tâv
15 anyo'nyasamvâdinau.
yathâ. šadjapañcamâv ršabhadhaivatau gândhâranišâda-
vantau šadjamadhyamâv iti šadjagrâme.
madhyamagrâme'py evam eva šadjapañcamavarjyam pañ-
camaršabhayoç câtra samvâda iti.
20 atra çlokah.
samvâdo madhyamagrâme pañcamasyaršabhasya ca |
šadjagrâme ca šadjasya samvadah pañcamasya ca || 24 ||
vivâdinas tu ye tešâm syâd vimçatikam antaram.
tad yathâ. ršabhagândhârau dhaivatanišâdau.
25 evam vâdisamvâdivivâdišu sthâpitešu çešâ hy anuvâdinah

<hr>

1 manque dans G. — 2 âvâpas v atha G. viksepaç ca praveçakah | G. — 3 sam-
pâ° A. — 4 mâtrâ vidâry aṅgulayâ yatih prakaraṇam tathâ | G. — 5 pâdabhamgâç
ca pâṇayah | G. — 6 °vimçatividhim jñeyam tâlagatam A. — 7 vistâraç ca G. —
9 šadjâpya corrigé en šadjâdya A. Le mètre exige ca ršabhaç. — 10 nišâdas sapta
ca svarâh | G. — 11 nâtyayoktṛbhih | A. — 12 hy manque dans G. anuvâdî vivâda-
nau A. anuvâdyâ G. — 13 et 14 yatra yâṅgaspṛçatis tasya vâdî dhanavanavaka-
trayodaça çrutyantare G. °antara A. — 15 anyo 'nyam G. — 16 et 17 khadjapañca-
mau r° A. °nišâdâvantau A. šadjagrâmo A. šadjamadhyamau šadjapañcamau
ršabhadhai(ta)vatau gândhâranišâdau šadjagrame G. — 18 madhyamagrâme omis
par G. šadpañc° A. °varjî A. °varjyâ G. — 19 °ršabh° A. — 21 ršabh° A. — 22
vâ | A. — 23 vivâdanam tu te yešâm dviçrutisvaram antaram G. — 24 nišâdâv
A. — 25 au lieu de evam, atrâpi A. çešâh anuvâda G. samjñakâh manque dans
A, ainsi que toute l'énumération qui suit, jusqu'à vadanâd p. 28, l. 10.

1 samjñakâh.

yathâ. śadjasyarśabhagândhâradhaivataniśâdâh: rśabha-
syamadhyamapañcamaniśâdâh. gândhârasyâpi madhya-
mapañcamadhaivatâh. madhyamasya dhaivatapañcama-
5 niśâdâh.pañcamasya dhaivataśadjau. dhaivatasya śadja-
madhyamapañcamâh śadjagrâme.

madhyamagrâme 'pi madhyamasya pañcamadhaivataniśâ-
dâh. pañcamasyarśabhaśadjagândhârâh. dhaivatasya śadjarśabhagândhârâh. niśâdasya śadjarśabhagândhârâh.

10 vadanâd vâdî samvadanât samvâdî vivadanâd vivâdy anu-
vadanâd anuvâdîti.

eteśâm ca svarânâm nyûnâdhikatvam tantrîvâdanadan-
dendriyavaigunyâd upajâyate.

svaravidhânam etac catuhprakâram iti.

15 atha grâmau.

śadjagrâmo madhyamagrâmaç ceti.

tatra vâ dvâvimçatiçrutayah. yathâ.

tisro dve ca catasraç ca catasras tisra eva ca |

dve catasraç ca śadjâkhye grâme çrutinidarçanam || 25 ||

20 madhyamagrâme tu çrutyapakrṣṭah pañcamah kâryah.

pañcamaçrutyutkarśâd apakarśâd vâ yad antaram mârda-
vâd âyatatvâd vâ tat pramânaçrutih.

nidarçanam tv âsâm abhivyâkhyâsyâmah. yathâ.

[dve vîne tulyapramânatantryupavâdanadandamûrchane

25 śadjagrâmâçrite kârye. tayor ekatarasyâm madhyamagrâ-
mikîm kitvâ pañcamasyâpakarse çrutim tâm eva pañca-

---

1 mavaçât ʼsadjagrâmikîm kuryât. evam çrutir apakrṣṭâ
bhavati.

punar api tadvad evâpakarṣâd gândhâraniṣâdavantâv itarasyâm dhaivatarṣabhau praviçato dviçrutyadhikatvât.

5 punas tadvad evâpakarṣâd dhaivatarṣabhâv itarasyâm pañ-
camaṣadjau praviçataḥ çrutyadhikatvât.

tadvat punar apakrṣṭâyâm tasyâm pañcamamadhyamaṣadjâ
itarasyâm madhyamagândhâraniṣâdavantaḥ pravekṣyanti
catuḥçrutyadhikatvât.]

10 evam anena çrutinidarçanena dvaigrâmikyo dvâvimçatiçrutayah pratyavagantavyâh.

atra çlokâ bhavanti.

ṣadjaç catuḥçrutir jñeya rṣabhas triçrutis tathâ |
dviçrutiç caiva gândhâro madhyamaç ca catuḥçrutih || 26 ||

15 catuḥçrutih pañcamah syâd dhaivatas triçrutis tathâ |
niṣâdo dviçrutiç caiva ṣadjagrâme bhavanti hi || 27 ||
catuḥçrutis tu vijñeyo madhyamah pañcamah punah |
triçrutir dhaivatas tu syât catuḥçrutika eva hi || 28 ||
niṣâdaṣadjau vijñeyau dvicatuḥçrutisambhavau |

20 rṣabhas triçrutiç ca syâd gândhâro dviçrutis tathâ || 29 ||
antaranidarçanam api vyâkhyâtam.

atha mûrchanâh.

dvaigrâmikyaç caturdaça. yathâ.

âdâv uttaramandrâ syâd rajanî cottarâyatâ |

<hr>

1 pañcamasya çrutyutkarṣavaçât ṣatjagrâmikiṃ kuryât eta çrutir apatuṣṭâ...G.
— 3 evapakarṣayet yathâ A. evârakarṣât G. °niṣâdâv api G. — 4 itarasyâm pravekṣyanti [lacune jusqu'après pravekṣyanti, l. 8] G. °rṣabho praviçataḥ dvi-
çrutyâbhyadhi° A. — 5 °karṣâdhvaivatarṣabhâdh A. — 8 A coupe la phrase
après pravekṣyanti. — 9 catuçrutyabhryadhi° G. — 10 çrutidarçanavidhânena
G. dvaugrâmiko A. dvâvimçâ çru° G. — 11 A et G coupent après çrutayah | . pra-
tyagant° G. — 12 atra çlokâh | (bhavanti manque) G. — 13 catuçruti G. triçru-
tismrtah G. — 14 câpi G. catuçru° G. — 15 catuçrutih | G. pañcama A, G. syâ
triçrutir dhaivatam G. — 16 dviçrutis tu niṣâda syât G. svarântare | G. — 17-21
manquent dans A. 17 catuçru° G vijñeyâ G. — 18 catuçru° G. — 19 G écrit ex-
ceptionnellement ici ṣadjau. catuçru° G. — 20 triçrutiç ca syât G. — 22 Nous
coupons après mûrchanâ, en ajoutant le h ; 22, 23 mûrcchanâtye grâm° G. dvai-
grâmikâç caiva... A. yathâ manque dans G. — 24 âdyâtyuttaramantrâkhyâ raja-
nanî... G.

1 caturthâ çuddhaşadjâ ca pañcamî matsarîkṛtâ ‖ 30 ‖
açvakrântâ tathâ şaşthî saptamî câbhirudgatâ |
şaḍjagrâmâçritâ hy etâ vijñeyâḥ sapta mûrchanâḥ ‖ 31 ‖
âsâṃ şaḍjaniṣâdadhaivatapañcamamadhyamagândhârar-
5 ṣabhâdyâḥ svarâ iti.
atha madhyamagrâme.
sauvîrî hariṇâçvâtha syât kalopanatâ tathâ |
çuddhamadhyâ tathâ caiva mârgî syât pauravî tathâ ‖ 32 ‖
hṛşyakâ ceti vijñeyâ saptamî dvijasattamâḥ |
10 madhyamagrâmajâ hy etâ vijñeyâḥ sapta mûrchanâḥ ‖ 33 ‖
âsâṃ madhyamagândhârarşabhaşaḍjaniṣâdadhaivatapañ-
camâ ânupûrvâdyâḥ svarâḥ.
tatra şaḍjagrâme.
şaḍjenottaramandrâ niṣâdena rajanî dhaivatenottarâyatâ
15 pañcamena çuddhaşaḍjâ madhyamena matsarîkṛtâ gân-
dhâreṇâçvakrântarşabheṇâbhirudgatâ.
atha madhyamagrâme.
madhyamena sauvîrî gândhâreṇa hariṇâçvar abheṇa ka-
lopanatâ şaḍjena çuddhamadhyamâ niṣâdena mârgî dhai-
20 vatena pauravî pañcamena hṛşyaketi.
evam etâḥ prakramayuktâḥ.
pûrṇâḥ şâḍavâuḍavitîkṛtâḥ sâdhâraṇakṛtâç ceti caturvidhâç
caturdaça mûrchanâḥ.
kramayuktâḥ svarâḥ sapta mûrchanâs tv abhisaṃjñitâḥ |
25 şaṭpañcakasvarâs tâsâṃ şâḍavâuḍavitâḥ smṛtâḥ ‖ 34 ‖

1 caturvi° G. tu (au lieu de ca) G. — 2 tu şaşthî syât G. — 3 hy aitâ A. hy manque dans G. — 4 gândhâra ¡° A. — 4, 5, 6 °gândhâraḥ ṛṣabha şaṭjagrâme madhyamagrâme tu G. — 7 °çvâthâ A. hariṇâç ca syât | kalopapannata G. — 8 caturthi çuddhamadhyâ tu mârgavî... G. — 9 caiva vijñeyâs G. — 10 eto G. — 11 °şaḍjarşabha° A. gândhâro ṛṣabhaşaṭja(grâme madhyamagrâme tu) niṣâdadhaivatapañcamâḥ | G. A coupe après pañcamâḥ. — 12-20 manquent dans G. — 12 °yâ svarâs A. — 14 adjanottottara A. caivateno⁺ A. — 16 °çvâkrântâ ṛṣabhenîbhir° A. — 18 °çvâ ṛ'abheṇâ kâlo° A. — 19 mârgî omis dans A. — 21 °yuktâ A. kramayutâḥ G. — 22, 23 pûrṇâ A. °kṛtâç caturdaça bhavaty api | A. şaṭpañcasvaragâ smṛtâḥ | sâḍavâuḍavita saṃjñitâḥ pûrṇâs sâdhâraṇakṛtâç... G. — 24 samûrcchanâsty abhisaṃjñitâ | A. svarâs sapta mûrcchanâs v abhi° G. — 25 °vitâ smṛtâḥ | A. tâsâ şoḍavâuḍavitâ smṛtâḥ | G.

1 sâdhâranakrtâç caiva kâkalîsamalamkrtâh |
antarasvarasamyuktâ mûrchanâ grâmayor dvayoh || 35 ||
?[dvividhaikamûrchanâsiddhih.
tatra. dviçrutiprakaršâd dhaivatîkrte gândhâre mûrchanâ
5 grâmayor anyatra.
šadjagrâme madhyamagrâme' pi dhaivatamârdavân nišâ-
dotkaršâd dvaividhyam bhavati.
tulyaçrutyantaratvâc ca samjñânyatvam.
catuhçrutikam antaram pañcamadhaivatayoh.
10 tadvad gândhârotkaršâc catuhçrutikam eva bhavati.
çešâç câpi madhyamapañcamadhaivatanišâdašadjaršabhâ
madhyamâditvam prâpnuvanti tulyaçrutyantaratvât.
antaradarçanam api çrutidarçane proktam.]
tatra mûrchanâsamçritâs tânâç caturaçîtih.
15 tatra.ekonapañcâçat šatsvarâh pañcatrimçat pañcasvarâh.
lakšanam tu šatsvarânâm saptavidham. yathâ.
šadjaršabhapañcamanišâdahînâç catvâras tânâh šadjagrâme. madhyamagrâme tu šadjaršabhagândhârahînâs trayas

---

1 caika A. °krtâm | G. — 2 antasvarasamyuktam G. — 3-13 Passage évidemment corrompu. Notre texte est peu sûr. Aussi donnons-nous à part les leçons de A et de G.

Texte de A : dvividhaikamûrcchanâsiddhi çrutivaiprakaršât | dhaivatîkrte gândhâre mûrcchanâgrâmayor anyatra | šadjagrâme madhyamagrâme 'pi dhaivatamârdavân nišâdotkaršât dvaividhyam bhavati | tulyaçrutyantatvâc ca samjñânyatvam catuhçrutikam antaram pañcamadhaivatayos tad gândhârotkaršâ catuhçrutikam eva bhavati | çešaç copi madhyamapañcadhaivatanišâdašadjaršabhagândhâramadhyamapañcamatvam prâpnuvanti | tulyaçrutis antârâtvâd anantaram nirdarçati na proktam iti |

Texte de G : dvividhaikamûrcchanâsiddhis tatra dviçrutiprakaršâd dhaivatîkrtenagra gâdâre mûrcchanâgrâmayor anyatvantatadvaçâ madhyamâdayo yathâ samkhyena nišâdâdimatvam pratipâdyante madhyamagrâme dhaivatadvaividhya u bhavati tulyâ | çrutyangare tvâc catuçrutyantaram pañcamadhaivatayos tadvat gândhârotkaršâc catuçrutikram antaram bhavati çešâc câpi madhyamapañcamadhaivatanišâdašatjaršabhâ madhyamâditvam prâpnuvanti | tulyaçrutyantaratvât antaradarçanam api çrutidarçane proktam.

14 mûrchatâ° A. caturâçîti | A. °nâçrayâ sthânâç G. — 15 tatraiko° A, G. pañcatrimçat pañcasvarâh manque dans A. — 16 šatjavânâm sapta vidhâ G. yathâ manque dans A.— 17 °nišâdapañcama° G. catvârâs A. A et G coupent après tânâh.— 18 madhyamagrâme manque dans A. madhyâgrâme G. °hînâçrayâ sûyâs tânâh | G.

1 tânâh. evam ete sarvâsu mûrchanâsu kriyamânâ bhavanty
  ekonapañcâçat tânâh.
  pañcasvarânâm tu pañcavidham eva lakšanam. yathâ.
  šadjapañcamahînâ ršabhapañcamahînâ gândhâranišâda-
5 vaddhînâ iti trayas tânâh
  šadjagrâme. madhyamagrâme tu gândhâranišâdavaddhî-
  nâv ršabhadhaivatahînâv iti dvau tânau.
  evam pañcasvarâh sarvâsu mûrchanâsu kriyamânâs tânâh
  pañcatrimçad bhavanti.
10 šadjagrâma ekavimçatir madhyamagrâme caturdaça.
  evam eta ekatra gamyamânâç caturacîtir bhavanti.
  dvividhâ tânakriyâ tantryâm. praveço nigrahaç ca.
  atra. praveço nâmâdharasvaraprakaršanâd uttaramârdavâc
  ca nigrahaç câsamsparçah. madhyamasvarâsamsparçah.
15 madhyamasvarena tu vainena mûrchanânirdeço bhavaty
  anâçitvât. madhyamasvarasya nigrahah praveço vâ.
  ittham prayoktuh çrotuh sukhârtham tânamûrchanâtattvam.
  mûrchanâprayojanam api sthânaprâptyarthah.
  sthânam tu trividham pûrvoktalakšanam kâkuvidhâv iti.
20 sâdhâranavidhim idânîm vakšyâmah. tatra.
  sâdhâranam nâmântarasvaratâ. kasmât.
  dvayor antare yo'rtho bhavati sa sâdhâranah.

---

1 evam ete višâdabâsu mûrcchânâsu krî° G. — 2 tânâ A. — 3 yathâ manque
dans A. — 4, 5 šadjapañcamahîna ršabhapañcamahînah | gândhâranišâdavaddhî-
nah | iti šadjagrâmo... A. šatjapañcamahînam... °hîno... nišâdahîna iti trayas
tanoh šatjagrâme... G. — 6, 7 °dhînâh ârsabhadhaivatahînety.., A. tu šatja-
dhaivatahîno nišâdagândhârahîna iti dvau tânâh | G. — 8, 9 pañcasvarâsu
sarvâsu mûrchâ° G. tânâ A. tânâ šatttrimçâ... G. — 10, 11 manquent dans A. šat-
jagrâme ekavimçatih | G. °çitir G. — 12 dvividha° A. praveçân nigrahâs A. dvi-
vidhâm tânakriyâ praveço vigrahaç ca G. — 13, 14 tatra praveço nâmâdharapra-
karšâd G. praveçanam adhara°... °mârdavâtva A. câsamsparço... (madhyamas-
varâsamsparçah manque) A. vinigrahas v asamsparçah | madhyamasvaram
samsparçah | G. — 15, 16 madhyâma° A. °nirdeçah kâryah madhyamasva tv
anâçitvât nigrahah | praveço vâ G. nigrahe parigrahe vâ | A. — 17 itthamtuh A.
sukhârthan tânamûrcchanânâtatvam... A. ittham manque dans G, dont voici le
texte : prayoktrçrotrsukhârthânâm tânânâm — 18 prâptyartha... A. prâptih | (ar-
tha manque) G. — 19 ca au lieu de tu A. trividham | G. lakšanam | A. °vidhâ-
ne... G. — 20 sâdhâranama vidhânam G. tatra m. dans G. — 21 sâdhâranâ nâ-
mânûttarasvaratâ A. sâdhârana nâmântarasvaratvât tasmâd G. — 22 vayor A.
yad vayor astham tat sâdhâranam G.

1 yathâ ṛtv antare.

châyâsu bhavati çîtam prasvedo bhavati câtapasthasya |
na ca nâgato vasanto na ca nihçeśaḥ çiçirakâlaḥ || 36 ||
iti kâlasâdhâraṇatâ.

5 dve sâdhâraṇe svarasâdhâraṇam jâtisâdhâraṇam ceti.
svarasâdhâraṇam kâkalyantarasvarau. tatra. dviçrutipra-
karśanân niśâdavân kâkalîsamjño niśâdo na śadjo dvâbhyâm
antarasvaratvât. sâdhâraṇatva n pratipadyate.
evaṃ gândhâro'py antarasvarasamjño gândhâro na ma-
10 dhyamas tayor antarasvaratvât. ata eva svarasâdhâraṇam.
kasmân niśâdaḥ kâkalîsamjñaḥ.
kalatvât kâkalî kaśṭatvâd vâtisaukśmyâd atha vâ kâkśivat.
ubhayasambandhât kâkalîsamjñâya.
yathâ śannâm rasânâm madhye lavaṇaḥ kśârasamj a
15 evam niśâdaḥ kâkalîsamjño gândhâraç cântarasamjño bhavati.
jâtisâdhâraṇam ekâmçânâm viçeśâj jâtînâm tu samavâyât.
pratyakśeṇa samjña iti.
svarasâdhâraṇam dvividhaṃ dvaigrâmikyam. kasmât.

---

1 ṛtv antare m. dans A. — 2 châyâsu prabh° A. chayâ bhavati | G. °svedo
vâ G. — 3 vasantaḥ G. °kâla (iti) A. kâle (iti) G. — 4 sâdhâraṇaḥ | G. A ne
coupe pas. — 5 dvi A. A indique d'abord le jâtisâdh°, puis le svara°. — A partir
de 6, jusqu'à *6* p. 34, nos textes diffèrent sensiblement, surtout pour la disposition
des phrases. Nous suivons G avec corrections, faites parfois d'après A, et reproduisons à part, tel quel, le passage correspondant de A.

yathâ nisâdaḥ kâkalîsamjño bhavati reṇâs tathâ jâtisâdhâraṇam ekâmçânâm viçeśâj jâtînâm tu samavâyât pratyakśeṇa samjñâm iti svarasâdhâraṇam
api dvividham | dvaigrâmikam | kasmât sâdhâreṇâtra svaraviçesa iti ti |
śadjasâdhâraṇam eva madhyame pi | sâdhâraṇatvam asya prayogasaukśmyât
kauçikam abhiniśpadyate | atra câptopadeçasiddho niśâdavân eva kâkalîsam-
jño bhavati | çatuçrutitvâc ca kâkalîsamjñaḥ kodṛcyata iti | yathâ hi śaṇṇâm
rasânâmm anyatamaḥ kśarasamjñitaḥ | tathâ niśâdaḥ kâkalîsamjño gândhâ-
raç cântarasamjño bhavati | tasya câlpaniśâdâsu jâtiśu prayogo bhavaty api ca |
(Corrections de G :) 6, 7, 8 viçrutiprakarśaṇâṇ niśâdayaḥ | kâkalîsamjñena
niśâdena na śatjaḥ dvâbhyâṃ prâptopaktatvât... — 9... antasvarasamjñâḥ...
madhyamaḥ... — 11 tasmân... — 12 °tvâd yâti atisaukśyât... — 14 °samjñâ. —
15 °samjñâḥ sâdhâraṇasvaraç cântara°. — 17, 18 D'après A, G évidemment corrompu : jâtisâdhâraṇam ekagrâmâm açanâjñâtînaḥ jâtyor vâ anyasmin grâme
pratyaṅgadarçanaṃ saṃsmaraṇâpagamât. — 19 dvividhâ.

1 šaḍjagrâme šaḍjasâdhâraṇam madhyamagrâme madhya-
masâdhâraṇam. sâdhâraṇo'tra svaraviçeša iti. šaḍjasâdhâraṇam evam. madhyamagrâme'pi sâdhâraṇatvam. asya tu
prayôgasaukšmyât kaiçikam iti nâma nišpadyate. evam
5 svarasâdhâraṇam. asyâlpanišâdagândhârâsu jâtišu prayo-
gaḥ.
atra çlokau.
antarasvarasaṃyogo nityam ârohisaṃçrayaḥ |
kâryaḥ svalpaviçešeṇa nâvarohî kadâ ca na ‖ 37 ‖
10 kriyamâṇo'varohî syâd alpo vâ yadi vâ bahuḥ |
jâtirâgaṃ çrutim caiva nayanta tv antarasvarâḥ ‖ 38 ‖
jâtîr idânîṃ vakšyâmaḥ.
[svarasâdhâraṇagatâs tisro jñeyâs tu jâtayaḥ |
madhyamâ pañcamî caiva šaḍjamadhyâ tathaiva ca ‖ 39 ‖
15 âsâm aṅgâs tu vijñeyâḥ šaḍjamadhyamapañcamâḥ |
yathâ . . . . vyaktâ sâ pañcamî tathâ ‖ 40 ‖
jâtayo 'ṣṭâdaçety eva pûrvaṃ yâ gaditâ mayâ |
tâs tv ahaṃ vartayišyâmi nyâsâpanyâsasaṃyutâḥ ‖ 41 ‖
šâḍjî caivâršabhî caiva dhaivatî sanišâdinî |
20 šaḍjodîcyavatî caiva tathâ vai šaḍjakaiçikî ‖ 42 ‖
šaḍjamadhyâ tathâ caiva šaḍjagrâmasamâçrayâḥ |
ata ûrdhvaṃ pravakšyâmi madhyamagrâmasamçrayâ'ı ‖43‖
gândhârî madhyamâ caiva gândhârodîcyavâ tathâ |
pañcamî raktagândhârî tathâ gândhârapañcamî ‖ 44 ‖

2 °viçešaḥ | iti šatsâdhâ°. — 3 'pi sâdhâraṇatvam (d'après A) m. dans G. —
7 atra çlokau m. dans G. — 8 atrasvara° G. — 9 kâryasvaraviçešeṇa A. kâryas-
valpo viçešeṇa G. kâda ca nâ G.— 10 'varohî syâlpo G. bahu G. — 11 jâtirâga G.
çrutim gîtan âçayed antarasvara iti | A.— 12 jâtimîm idâniṃ G.—13-16 Interpolé
dans G. M. dans A. — 14 šâḍjamadhyaṃ G.— 15 aṅgas tu vijñeyâ šaḍja° G. — 16
corrompu : yathâ spandaṇlataraṃ vyaktâ, etc.— 17-18 remplacent dans A les 4 hé-
mistiches précédents. M. dans G. — 19 šaḍjî câ° A šatjâršabhî dhaivatî ca naišaṃdî
ca tathâ parâ | G. — 20 šatjâdîcyavatî šatsakaiçîkî šatjamadhyamâṃ G. — 21 šatja-
grâmâçrayâny etâ vijñeyâs saptajâtayaḥ | G. — 22 °saṃçrayâ G. — 23, 24, *1, 2,*
G dispose autrement les çlokas; voici le texte qu'il présente, avec ses incorrections :
gândhârî raktagândhârî gândhârodîcyavâ tathâ |
madhyamodîcyavâ caiva madhyamâ pañcamî tathâ ‖
gândhârapañcamî cândhrî nanayanti tathâ parâ
karmâravî kaiçikî ca jñeyâs v ekâdaçâparâ ‖

1 madhyamodîcyavâ caiva nandayantî tathaiva ca |
  karmâravî ca vijñeyâ tathândhrî kaiçikî tathâ || 45 ||
  etâsâm aṣṭâdaçânâm sapta svarâkhyâḥ.
  tâç ca dvividhâḥ. çuddhâ vikṛtâç ca.
5 tatra çuddhâḥ.
  ṣaḍjagrâme ṣâdjy ârṣabhî dhaivatî niṣâdavatî ca.
  gândhârî madhyamâ pañcamî ceti madhyamagrâme.
  çuddhâ anyûnasvarâḥ svarâmçagrahanyâsâḥ.
  eṣâm anyatamena dvâbhyâm bahubhir vâpi lakṣaṇair vi-
10 kriyâm upagatâ nyâsavarjam vikṛtasamjñâ bhavanti.
  tena tâ eva çuddhâs tâ eva ca vikṛtâḥ.
  nyâsavidhâv apy âsâm mandro niyamâd bhavati çuddhâsu
  vikṛtâsv aniyamât.
  tatraikâdaça samsargajâ vikṛtâḥ.
15 parasparam samyogâd ekâdaça nirvartayanti. yathâ.
  çuddhâ vikṛtâç caiva hi samavâyâj jâtayas tu jâyante |
  tâ eva çuddhavikṛtâ bhavanti caikâdaçânyâs tu || 46 ||
  tâsâm yâ nirvṛttâ svareṣv athâmçeṣu jâtiṣu ca jâtiḥ |
  tâm vakṣyâmi yathâvat samkṣepeṇa krameṇeha || 47 ||
20 syât ṣaḍjamadhyamâbhyâm nirvṛttâ ṣaḍjamadhyamâjâtiḥ |

Entre 1 et 2, A intercale le passage suivant qui revient à sa place, p. 36, l. 1-4:
    jâtînâm gândhârî ṣadjîbhyâm samyogât ṣadjakaiçikî câpi |
    gândhârî ṣâdjîbhyâm caiva svac caiva samgamâṣṭa ca |
    ṣadjodîcyavatî caiva jñeyâ sâ namato jâtiḥ |
    ṣâdjî gândhârî madhyamodîcyavâ
2 karmaravî A. — 3 svarakhyâs A. sapta svarâḥ | nâmadheyâḥ | G. — 4 sap-
tasvarâ jâtayo dvividhâç G. — 6 ṣâdjî A. ṣâdjî arṣabhî sadhaiv° G. ca manque
dans G. — 7 madhyâmâ A. ceti manque dans G. — 8 ete anyûna° A. grâha
A. svaramgrahasyâsapanyâsâḥ | G. — 9 ebhyo'nyatame G. vâ lakṣaṇer G. — 10
mupagâ nyâsa° G. °gatâḥ nyasâ A. vikṛtam A. bhavanti manque dans G. —
11 manque dans G. — 12, 13, âsâ G. niyamâc chuddhaḥ svavikṛtâsv aniyamaḥ |
A. aniyamâḥ G. — 14 tatraikadeço jâtayo vikṛtâḥ | G. A coupe la phrase non
avant, mais après parasparam. — 15 paraspara G. ekâdeçâm nivart° G. —
16 samavâyâm G. — 17 punar eva A. °daçanyâs G. — 18 nirvṛttâm careṣv G. jâ-
tir G.— 19 vakṣyâmi | yathâ samkṣepeṇa krameṇa haryât G.— 20 syât manque
dans G. A coupe après syât | . ṣadji° G. ṣâdjî° semblerait être la bonne leçon,
mais détruirait le mètre. nivṛttam G. °madhyamâj A. madhyamaḥ jâti G.

1 gândhârîśâdjîbhyâm samyogât śadjakaiçikî vâpi || 48 ||
  śâdjîgândhârîbhyâm dhaivatyâç câpi yâ viniśpannâ |
  samsargâd vijñeyâ sâ śadjodîcyavâ jâtih || 49 ||
  śâdjîgândhârî pañcamî tathâ dhaivatî ca khalu jâtih |
5 gândhârodîcyavatîm jâtim nirvartayanty etâh || 50 || [vatyâ |
  gândhârapañcamâbhyâm madhyamayâ viracitâ ca dhai-
  jâtis tu madhyamodîcyaveti sadbhih sadâ jñeyâ || 51 ||
  gândhârîpañcamyoh saptamyâç caiva raktagândhârî |
  gândhâryârśabhîbhyâm ândhrî samjâyate jâtih || 52 ||
10 yonis tu nandayantyâs tv ârśabhî pañcamî sagândhârî |
  karmâravîm niśâdî sârśabhî pañcamî kuryuh || 53 ||
  gândhârîpañcamyor yogâd gândhârapañcamî jâtih |
  dhaivatyârśabhîbhyâm hînâm khalu kaiçikîm kuryuh || 54 ||
  evam parasparotpannâ vijñeyâ jâtayo budhaih |
15 prthaglakśanasamyuktâ dvaigrâmikyah svarâçrayâh || 55 ||

De 1 à 14, G présente des lacunes, des déplacements nombreux comparativement à A. En voici le texte avec les incorrections :
 śâdjî gândhâribhyâm dhaivatyâç câpi yâ viniśpannâ
 çamsargâd(vâ) vijñeyâ sâ śadjodicyavâ jâtir
 vâdjigândhârîbhyâm śabhrutâś śadjakaiçikî jâtih
 śâdjigândhâribhyâm sambhrtâś śadjakaiçikî jâtih
 śâdjîgândhârîbhyâm dhaivatyâç câpi madhyamâyâç ca
 gândhârodîcyavâ syât nirvrtto nâmato jâtih
 gândhârîpañcamîm adakśyâm caiva nandayantî tu
 gândhârîpañcamâbhyâm jâtâ gatâ gândhârîpañcamî jâtih |
 naiśâdyârśabhîbhyâm pañcamyâm caisava samsargât
 karmâraśiti nâmnâ jâtih pûrnâç vidalati ceyam
 dhaivatyârśabhîhînâ bañcâbhyâm kaiçikih kuryuh |
1 śadjâbhyâm A. D'après A, l'ârya appartiendrait au mètre gîti, formé de deux
longs vers de 30 brèves. — 2 et 3 texte de G ; le texte de A est fautif :
 gândhârîśâdjîbhyâm dhaivatyâç caiva samgamât tu |
 śadjodîcyavatî jñeyâ sâ nâmato jâtih
4 le texte de A est altéré, mal coupé : la césure ne tombe pas après le
3e pied ; de plus, nous corrigeons caiva en ca. pañcamâ | A. — 6 gândhârîpañ-
camî° paraît être la bonne leçon, mais détruit le mètre. ca manque au ms. ; le
vers n'est pas coupé. — 7 césure après le 4e pied. °dîcyavyeti A. — 8 sapta-
myâsaiva A. — 9 ârśabhâ° A, le mètre exigerait ârśâbhî°. — 10 ici encore il
faudrait ârśâ°. — 11 kârmâravî A. le mètre demanderait encore sârśâ°. pañca-
mîm kuryu (non coupé) A. — 13 dhaivatyârthabhâ° A ; il faudrait ârśâ°. —
14 evam vam A. evam parasparo° répété G. °lpannâ hy otâs tu jâtayah (budhaih
omis) G. — 15 °grâmikya G.

1 âbhyaç catasro niyamâj jñeyâḥ saptasvarâ budhaiḥ |
   dàça pañcasvarâ jñeyâç catasraç caiva šatsvarâḥ || 56 ||
   madhyamodîcyavâ caiva tathâ ca šadjakaiçikî ||
   karmâravî ca sampûrṇâs tathâ gândhârapañcamî || 57 ||
5 šâdjy àndhrî nandayantî ca gândhârodîcyavâ tathâ |
   catasrah šaṭsvarâḥ çešâḥ pañcavastusvarâ daça || 58 ||
   nišâdiny àršabhî caiva dhaivatî šadjamadhyamâ |
   šadjodîcyavatî caiva pañca šadjâçritâḥ smrtâḥ || 59 ||
   gândhârî raktagândhârî madhyamâ pañcamî tathâ |
10 kaiçikî caiva pañcaitâ madhyamagrâmasaṃçrayâḥ || 60 ||
   yâs tâh pañcasvarâḥ proktâ yâç caitâḥ šatsvarâḥ smrtâḥ |
   kadâ cid audavîbhûtâḥ kadâ cit šâḍavîkrtâḥ || 61 ||
   šadjagrâme tu sampûrṇâ vijñeyâ šadjakaiçikî |
   šatsvarâ caiva vijñeyâ šâdjî vai gânayoktrbhih || 62||
15 sampûrṇâ madhyamagrâme jñeyâ karmâravî budhaiḥ |
   gândhârapañcamî caiva madhyamodîcyavâ tathâ || 63 ||
   punaç ca šaṭsvarâ jñeyâ gândhârodîcyavâ budhaiḥ |
   àndhrî ca nandayantî ca madhyamagrâmasaṃçrayâḥ||64||
   evam etâ budhair jñeyâ dvaigrâmikyaç ca jâtayah |
20 ata ûrdhvam pravakšyâmi tàsâm aṃçavikalpanam || 65 ||
   šàtsvarî saptame tv aṃçe nešyate šadjamadhyamâ |
   saṃvâdilopâd gândhâras tatraiva na bhavišyati || 66 ||
   gândhârîraktagândhârîkaiçikînâṃ tu pañcamaḥ |

1 âdyaç G. niyamâ jñeyâ A. niyamât jñeyâts G. — 3 °dîcyavâm A. °dîcyabî G.
ca manque dans A et G. °kaiçikîm G. Ni A ni G ne coupent. — 4 °ravî va A.
°ravîti G. sampûrṇâ A, G. — 5, 6 manquent dans G. 5 °andhrî A. — 7 et 8 pla-
cées après 9 et 10 dans G. 7 nišâdaty A. âršabhî dhaivatî caiva naišâdî G. —
8 šadjâçritâ A. šadjagrâmasamâçrayâḥ | G. — 9 gândhârâ A. — 10 ceti vijñeyâ
pañcaitâ madhyamâçrayâḥ | G.
   A la suite du çloka 59, placé après 60, G, au lieu des 4 çlokas 61-64 de A, en
présente 2 dans l'ordre suivant :
   pañcasvarâ daçaitâç ca jâtayo nityam eva hi |
   gândhârodîcyavâ caiva nandayantî tathaiva ca |
   madhyamagrâmasambhûtâš šatsvarâs tisra eva tu |
   šatjagrâme tu vijñeyâ sampûrṇâ šatjakaiçikî |
11 prokta A. caitâ šatsvarâ A. — 14 šadjya vai kâna° A. — 18 nadayantî A. —
19 budhai G. °grâmikyopajâtayaḥ | A. — 20 aṅga° G.— 21 šatsvarî A. šatsvarye
saptamâṅgâ tu G. °dhyamâḥ | G. — 22 saṃvâdilopo gândhâro tadvad eva hi ne-
yate | A. saṃvâdyalobhât G. — 23 pañcamî | A.

1 šadjâyâm caiva gândhâram anamçam viddhi šâdave || 67 ||
   šadjodîcyavatyâç caiva dhaivatâmçe na šâdavam |
   samvâdilopât saptaitâh šâtsvarye tu vivarjitâh || 68 ||
   gândhârîraktagândhâryoh šadjamadhyamapañcamâh |
5 saptamaç caiva vijñeyâ yešu câudavitam bhavet || 69 ||
   dvau šadjamadhyamâmçau tu gândhâro'tha nišâdavân |
   ršabhaç caiva pañcamyâm kaiçikyâm caiva dhaivatah || 70 ||
   evam hi dvâdaçaite syur varjyâh pañcasvare sadâ |
   yâs tv anaudavitâ nityam kartavyâ jâtayo budhaih || 71 ||
10 sarvasvarânâm nâças tu vihitas tv atha jâtišu |
   na madhyamasya nâças tu kartavyo hi kadâ ca na || 72 ||
   saptasvarânâm pravaro hy anâçî caiva madhyamah |
   gândharvakalpe vihitah sâmagair api madhyamah || 73 ||
   daçavidham jâtilakšanam.
15 grahâmçau târamandrau ca nyâso'panyâsa eva ca |
   alpatvam ca bahutvam ca šâdavâudavite tathâ || 74 ||
   atha grahâh.
   grahâs tu sarvajâtînâm amçavat parikîrtitâh |
   yah pravrttau bhaved amçah so'mço grahavikalpitah || 75
20 tatrâmço nâma.
   ? [râgaç ca yasmin vasati yasmâc caiva pravartate |

1 šatjârâç caiva gândhârâm angam šatbâdave viduh | G. — 2 šadjodîcyavatî caiva
tâmçe. A. šâdave dhaivato nâsti šadjodîcyaviyogatah | G. — 3 saptaite G. šatsvar-
thena A. šatsvarye G. — 4 °raktagândhâryâh A et G. ššadjapañcamamadhyamâh |
G. — 5 caivo A. sanišâdaç ca G. noduvite ime | G. — 6 šadjî° G. °ânge tu G. 'th
Ξ.šedavân | G. — 7 pañcamyâ G. — 8 ca dvâdaçeve te varuyâh G. tadâ | G. — 9
etâs tu nodubâ G. anauduvitâ A. hi sadâ budhaih | A. — 10 vihito'pi nâçasv
G. — 11 madhyamasthâpi G. na (au lieu de hi) G. — 12 sarva° G. hy avinâçi tu
G. °mâh | A. — 13 'bhimatas sâmaç cai maharšibhih | G. — 15 grahâçau A °ân-
gau G.— 17 manque dans G.— 18 grahas G. amça eva hi kîrtitâ | G. — 19 yat A.
soço A. yam pravrttam bhavet gânam so'ngo... G. grahavivarjitah | A. — 21-5
Corrections peu sûres, le texte présente des altérations nombreuses et des traces de
remaniements. 21 yasmim vasati râgas tu G. °vartane G. — Suit dans A et G un
vers supprimé au texte comme faisant double emploi avec la leçon adoptée de
G. Le voici dans les 2 mss. :
    (A)   tenâvatâramandrânâm yo' tyartham copalabhyate |
.   (G)   tanetâcatâramandrânâm yo' tyarthamm apalabhyate |

1 mandratâraviśayâ ca pañcasvaraparâgatih || 76 ||
anekasvarasamyoge yo'tyartham upalabhyate |
anyac ca balino yasya samvâdî cânuvâdy api || 77 ||
grahâpanyâsavinyâsanyâsasamnyâsagocarah |
5 paricâryah sthito yas tu so'mçah syâd daçalakšaṇah || 78 ||
pañcasvaraparâ târagatir. yathâ.
amçât târagatim vindyâd â caturthasvarâd iha |
â pañcamât pañcamâd vâ nâtah param ihešyate || 79 ||
trividhâ mandragatih.
10 amçaparâ nyâsaparâ apanyâsaparâ ceti.
mandras tv amçaparo nâsti nyâse tu dvau vyavasthitau |
gândhâre nyâsaliṅge tu dršṭam ršabhadhaivatam || 80 ||
atha nyâsah. ekavimçatividho hy aṅgasamâptau.
tadvad apanyâso 'py aṅgamadhye šaṭpañcâçatsamkhyah.
15 yathâ.
nyâso hy aṅgasamâptau sa caikavimçatividho vidhâtavyah |
šaṭpañcâçatsamkhyo 'ṅgamadhye 'panyâsa eva syât || 81 ||
? [dvividham alpatvam laṅghanâd anabhyâsâc ca.

1, 2, 3 manquent dans A. 1 mandram ca târaviśayâ G. balino (peut-être pour
vâdino) yac ca G. — 4 graho G. nyâsa omis dans G. sanyâsa A et G. — 5 pa-
ridhâvaç ca yaç ceha A. parivâryasthito yas tu so'ṅga G. — 6 A partir d'ici et
jusqu'à la fin de l'adhyâya le texte de G présente des variantes, des lacunes et des
déplacements si considérables, que nous le réléguons en appendice, dans le but
de faciliter les rapprochements ; nous nous bornerons à renvoyer pour chaque
vers au numéro correspondant du texte de G. — 6 (G 41). — 7 (G 42) amçât ta-
ragatim A. — G fait suivre cet hém. du suivant :
     pañcamam hy athâgacchet tato' ṅgavihitam tv iha.
8 (G 44) pañcamâd yâ nânah A. — 9 (G 45) dvividhâ A °gatir... A. — 10 (G 46)
Nous séparons avec A °parâ apa°. — 11 (G 47) amçât paro A. — 12 (G 48)
ârśebhasevanam | A. Texte incertain, lacune probable.— 13 (G 52) nyâsa... A.— 14
(G 53) aparanyâso A. amçamadhye A.— 15, 16, 17 manquent dans G.—17 (restitué)
...samkhyo yathâ | khyo bhaved apanyâsa eva syât | A. — 18-4 (G 31-36) Passage
corrompu. Le texte que nous donnons d'après l'un et l'autre ms. est bien peu sûr :
    Texte de A : dvividham alpatvam laṅghanâd anabhyâsâc ca | tatra śâḍavâu-
ḍavitakaraṇatvam amçânâm gîtânâm antaramârgam upagatânâm svarâṇâm
laṅghanâd abhyâsâc ca tatra śâḍavâuḍavitakaraṇom amçânâm gîtânâm anta-
ramârgam upagatânâm svarâṇâm abhyâsâc coccaraṇam |
    Texte de G : dvividham alpatvam laṅghanâd aubhyâs sâc ca gîtântaramâr-
gam upâgatânâm śâḍavâudhavitakaraṇâṇâm aṅgânâm ca svarâṇâṇâm laṅghanâd anabhyâsâc ca sakṛd uccâraṇam yathâjâti tadvat bahutvam alpatvavicaryayât dvividham evânyešâm api balinâm samcârah...

1 tatra šâḍavâuḍavitakaraṇatvam amçânâm gîtânâm antaramârgam upagatânâm svarâṇâm laṅghanâd anabhyâsâc ca
sakṛd uccâraṇam yathâjâti. tadvad bahutvam alpatvavi-
paryayâd dvividham evânyešâm api balinâm samcâraḥ.
5 alpatve ca bahutve ça tathâ pûrvaviniçcayât |
jâtisvarais tu nityam syâj jâtyalpatvam dvidhâ ca tat || 82 |||
samcâro'mçabalasthânâm alpatvam durbalâsu ca |
dvividhântaramârgas tu jâtînâm vyaktikârakaḥ || 83 ||
šaṭsvaram šâḍavitam caturdaçavidham saptacatvârimçat-
10 prakâram. pûrvoktavidhânam yathâjâtyamçaprakârair iti.
pañcasvaram auḍavitam vijñeyam daçavidham prayogajñaiḥ |
trimçatprakâravihitam pûrvoktam lakšaṇam tv asya || 84 ||
šaṭsvarasya prayogo'sti tathâ pañcasvarasya ca |
catuhsvaraprayogo'sti hy avakṛšṭadhruvâsv atha || 85 ||
15 dvaigrâmikînâm jâtînâm sarvâsâm api nityaçaḥ |
trišašṭir amçâ vijñeyâs tâsâm caiva tathâ grahâḥ || 86 ||
amçagrahân idânîm vyâkhyâsyâmaḥ. tatra.
madhyamodîcyavâyâs tu nandayantyâs tathaiva ca |
tathâ gândhârapañcamyâḥ pañcamo'mço grahas tathâ ||87||
20 dhaivatyâç ca tathaivâmçau vijñeyau dhaivataršabhau |
pañcamyâs tu grahâv amçau bhavataḥ pañcamaršabhau |
gândhârodîcyavâyâs tu grahâmçau šaḍjamadhyamau | 88||
âršabhyâm tu nišâdas tu tathâ caršabhadhaivatau |
nišâdyâm ca nišâdas tu gândhâraç caršabhas tathâ || 89||
25 tathâ ca šaḍjakaiçikyâm šaḍjagândhârapañcamâḥ |
tisṝṇâm api jâtînâm grahâs tv amçâç ca kîrtitâḥ || 90 ||
šaḍjaç ca madhyamaç caiva nišâdo dhaivatas tathâ |

1 śadjodîcyavatîjater grahâs tv amçâç ca kîrtitâh || 91 ||
pañcamenarśabhaç caiva niśâdo dhaivatas tathâ |
karmâravyà budhair amçâ grahâç ca parikîrtitâh || 92 ||
gândhâraç carśabhaç caiva pañcamo' tha niśâdavân |
5 catvâro' mçâ bhavanty ândhryâ grahâç caite tathaiva hi ||93||
ṛśabhaç caiva śadjaç ca madhyamah pañcamas tathâ |
madhyamâyâ grahâ jñeyâ amçâç caiva sadhaivatah || 94 ||
niśâdaśadjagândhârâ madhyamah pañcamas tathâ |
gândhârîraktagândhâryor grahâmçâh parikîrtitâh || 95 ||
10 śâdjâyâ śadjagândhârau madhyamah pañcamas tathâ |
dhaivataç câpi vijñeyâ grahâç câmçâh prakîrtitâh || 96 ||
kaiçikyâm carśabhahînâ grahâmçâh śatsvarâh smṛtâh |
sarvasvaragrahâmçâ ca vijñeyâ śadjamadhyamâ || 97 ||
evam triśaśṭir vijñeyâ grahâç câmçâç ca jâtiśu |
15 amçavac ca grahâs tv âsâm sarvâsâm eva nityaçah || 98 ||
sarvâsâm eva jâtînâm trijâtis tu gaṇâh smṛtâh |
sarvathâ caiva vijñeyâ vardhamânasvarâ yathâ || 99 ||
ekasvaro dvisvaraç ca trisvaro'tha catuhsvarah |
pañcasvarah śatsvaraç ca tathâ saptasvaro'pi ca || 100 ||
20 pûrvam uktam idam tv âsâm grahâmçaparikalpanam |
madhyamodîcyavâ jâtis tathâ gândhârapañcamî || 101 ||
nandayantî ratiçreśṭhâ param ekâmçakâh smṛtâh |
dhaivatî pañcamî caiva śâdavendre prakîrtite || 102 ||
gândhârodîcyavâ câbhyâm samâ syâd dvyamçakety api |

---

1 (G 10, 12). — 2 (G 11, 13). — 3 (G 14). — 4 (G 15). — 5 (G 16) ândhryâ restitué : asyâ grahâç cete A.— 6 (G 17) śadjaç câ ṛś° A. texte de G.— 7 (G 18) °dhaivatâh A. — 8 (G 21). — 9 (G 22) °gândhâryo A. — 10 (G 19) texte de G. śadjaç caitâ (ce mot effacé) gândhârâ śadjamadhyâmadhyamapañcamau | A. — 11 (G 20) texte de G. grahair amçaiç ca vijñeyâ vikṛtâ sûrayogajâh | A. — 12 (G 23) cârś° A. śatsvarâ A. — 13 (G 24) °mçâç ca vijñeyâh śadjamadhyamâh | A. — 14 (G 25) vijñeyâh sarvâsv amçâsu jâtiśu | A. texte de G. — 15 (G 26). — 16 (G 27) gaṇâ A. — 17 (G 28) lakśaṇam sa ca vijñeyo varddhamânasvaro budhaih | A. corrections de G. yathâ restitué. — 18 (G 29). — 19 (G 30) caturddhâ syâd ekadhâ sapta śatsvarau | A. texte de G. — 20 et suivants manquent dans G. — 22 Peut-être faut-il lire pañcamaikâ° au lieu de param ekâ°. — 23 śâdavendre prakîrttitâ | A. — 24 Restitué conformément au sens exigé. gândhârodîcyavâc câbhyâm samâm(syâmniśu ity api corrigé en marge en :) sâmtikeśv api | A.

1 âršabhyâṃ rinidhâ aṃçâ nišâdîrinigâs trayaḥ || 103 ||
  sagapâḥ šaḍjakaiçikyâs tisro'mçakâḥ prakîrtitâḥ |
  caturaṃçâ samanidhâ šaḍjodîcyavatî smṛtâ || 104 ||
  karmâravî ripanidhair ândhrî ripanigaiḥ smṛtâ |
5 sagamapadhaiḥ šâḍjî syât pañcabhiç câpi madhyamâ ||105||
  saparimadhair aṃçaiḥ syâd gândhârî samagânipaiḥ |
  tadvat syâd raktagândhârî catasro'mçaiç ca pañcabhiḥ||106||
  kaiçikî ca šaḍaṃçâ syât sagamapanidhaiḥ smṛtâ |
  šaḍjamadhyâ tu saptâmçâ trišašṭir iti te'mçakâḥ || 107 ||
10 [aṃçakaiç. . . . . prîtijâḥ |
  âstâṃ prayogakâle tu puram âçrâvaṇâvidhiḥ || 108 ||
  mârgais tribhiḥ prayoktavyaç citravârtikadakšiṇaiḥ |
  caturbhir gîtibhiç ca syân mâgadhyâdibhir eva ca || 109 ||
  pûrvaraṅge kṛte çuddhe kâṇḍikâçrâvaṇâvidhiḥ |
15 âsâritâni paççâc ca tato jâtyaṃçajalpanam || 110 ||
  svarâṇâm aṅgahâraiḥ syât padešv abhinayakramaiḥ |
  ? (vardhamâpabhauvitâ |) . . . . || 111 |]
                    (Lacune)
  aṃçâḥ syuḥ pañca šâḍjâyâ nišâdaršabhavarjitâḥ |
  apanyâso bhavaty atra gândhâraḥ pañcamas tathâ || 112 ||
20 nyâsaç câtra bhavet šaḍjo lopyaḥ saptama eva tu |
  [šâḍavaṃ saptamopetam alpau vai saptamaršabhau || 113 ||

1-17 manquent dans G. — 1 Restitué pareillement : trividhâ asau nišadhâni-
gamâs tayaḥ | A. — 2 sagapâ A. tisroçâmsvaḥ prakîrttitaḥ | A.— 3 caturaṃçâḥ
samanidho šaḍjodîcyavatî smṛtâḥ | A. — 4 karmâravyâ A. ripanidhaiḥ smṛtâḥ |
A.— 5 rasâḥ samapathai šâḍjî A. madhyamâḥ | A.— 6 Nous restituons encore : les
nécessités du vers nous obligent à écrire gâ au lieu de ga contrairement à l'habitude
suivie pour ces abréviations (cf. çl. 104, 105). parimadhair aṃçai syâd gândhârî
mṛgamânitaiḥ | A. — 7 tadva syâd uktagândhâri catasroçaiç câ pañcabhipañca-
bhiḥ | A. — 8 mokaiçikaikya šaḍaṃçâ syât sagomâyânijaiḥ smṛtâḥ | A. — 9... tu
sasadhâm sâm sâ tri° A. non coupé. — 10-17 les 4 çlokas 108-111 paraissent
intercalés. — 10 Le texte est trop peu sûr pour que nous essayions de le recons-
tituer : aṃçakaiç râmârâgâbhyâstâṃ janayaprîtijâḥ | A. — 11 âçravacovidhih | A.
— 12 prayoktavyâç A. — 16 Nous corrigeons d'après l'analogie du çl. 160 b le
2e pada : padâny abhinavakramaiḥ. — 17 Nous donnons tel quel, malgré son
aspect barbare, le fragment d'hémistiche qui termine le développement. —
18 (G 56) manque dans A. Texte de G. — 19 (G 57) apanyâse A. — 20 (G 57)
âḍjo A. — 21 (G 58) m. dans A et répète, pour le sens, la fin de l'hém. préc.
Texte de G.

1 šadjagândhârasaṃcâras tathâ dhaivataśadjayoḥ [ ]
gândhârasya ca bâhulyaṃ tv atra kâryaṃ prayoktṛbhiḥ‖114‖
âršabhyâṃ ca bhavanty aṃçâ dhaivataršabhasaptamâḥ |
eta eva hy apanyâsâ nyâsaç ca ṛšabhaḥ smṛtaḥ ‖ 115 ‖
5 alpatvaṃ ca viçešeṇa bhavet šâḍavakâriṇaḥ |
laṅghanaṃ pañcamasyaiva syâd ârohaṇasaṃçrayât ‖ 116 ‖
šaṭsvaraṃ saptamahînaṃ pâñcasvarye ca pañcamaḥ |
vivâdinâṃ svarâṇâṃ ca saṃcâro'tra vidhîyate ‖ 117 ‖
dhaivatyâ dhaivataršabhâv aṃçau nyâsaḥ syâd dhaivataḥ |
10 apanyâsâ bhavanty atra dhaivataršabhamadhyamâḥ ‖ 118‖
šadjapañcamahînaṃ ca pâñcasvaryaṃ vidhîyate |
pañcamena vinâ caiva šâḍavam parikîrtitam ‖ 119 ‖
ârohiṇau ca tau kâryau laṅghanîyau tathaiva ca |
nišâdaç caršabhaç caiva gândhâro balavân tathâ ‖ 120 ‖
15 nišâdinyâṃ nišâdo' ṃçâ gândhâras tv ṛšabhaḥ smṛtâḥ |
eta eva hy apanyâsâ nyâsaç caivâtra saptamaḥ ‖ 121 ‖
dhaivatyâ iva kartavyau šâḍavâuḍavite tathâ |
tadvac ca laṅghanîyau tu balavantau tathaiva ca ‖ 122 ‖
aṃçâs tu šadjakaiçikyâṃ šadjagândhârapañcamâḥ |
20 apanyâsâ bhavanty atra šadjasaptamapañcamâḥ ‖ 123 ‖
gândhâraç ca bhaven nyâso hînasvaryaṃ na câtra tu |
daurbalyaṃ câtra kartavyaṃ dhaivatasyaršabhasya ca‖124
šadjaç ca madhyamaç caiva nišâdo dhaivatas tathâ |
syuḥ‖šadjodîcyavatyaṃçâ nyâsaç caiva tu madhyamaḥ‖ 125
25 apanyâso bhavaty asyâ dhaivataḥ šadja eva ca |
parasparam ihâṃçânâṃ saṃcâraç ca vidhîyate ‖ 126 ‖
pañcamaršabhahînaṃ tu pâñcasvaryaṃ tu tatra vai |

1 (G 59) m. dans A. Texte de G. — 2 (G 60). — 3 (G 61). — 4 (G 63) câ ṛšabhaḥ smṛtâḥ—A. — 5, 6, 7, 8 (G 64, 65, 66, 67) m. dans A. Texte de G. — 9 (G 68)
ṛšabhâv A. nyâsaṃ thya dhaivataḥ | A. — 10 (G 69). — 11 (G 70). — 12 (G 71).
— 13 (G 72). — 14 (m. dans G, où on lit : hînasvarasya bhâvât tu sampûrṇâ
ceyam iśyate).— 15-22 manquent dans G. 15 'ṃço gândhârâs tv aršabha smṛtaḥ |
A. 16 saptamâḥ A. — 18 tadvâtva A. — 20 apanyâsa A. — 21 bhave A. — 23)
(G 74). — 24 (G 75) °aṃçâḥ A. — 25 (G 76) asya A. — 26 (G 77). — 27 (G 78
pañcâ° A. — Après 27 A présente les multiples et incompréhensibles répétitions
suivantes que nous reproduisons telles quelles :
   apanyâsa bhavanty atra šadjasaptamapañcamâḥ |

1 rṣabhaḥ šâḍave hîno gândhâraç ca balî bhavet || 127 ||
   sarve'mçâḥ šaḍjamadhyâyâ apanyâsâs ta eva ca |
   šadjo vâ madhyamo vâpi nyâsaḥ kâryaḥ prayoktṛbhiḥ ||128||
   gândhârasaptamopetam pâñcasvaryam tu tatra vai |
5 šâḍavam raptamopetam câtra kâryam prayogataḥ || 129 ||
   sarvasvarânâm samcâra išḷas tasyâm prayoktṛbhiḥ || 130 ||
   šaḍjagrâmâçrayâ hy etâ vijñeyâḥ sapta jâtayaḥ |
   ataḥ param pravakšyâmi madhyamagrâmasamçritâḥ ||131||
   gândhâryâḥ pañca syur amçâ dhaivataršabhavarjitâḥ |
10 apanyâso bhavec câtra šaḍjaḥ pañcama eva ca || 132 ||
   gândhâro'tra bhaven nyâsaḥ šâḍavam caršabham vinâ |
   rṣabhadhaivatopetam tathâ câuḍavitam bhavet || 133 ||
   laṅghanîyau ca tau nityam ṛšabho dhaivatam vrajet |
   gândhârîvihitam nyâsam hînasvaryam ca lakšaṇam || 134 ||
15 sarvam ca raktapûrvâyâ gândhâryâç ca vinirdiçet |
   balinau bhavataç câtra dhaivataḥ saptamas tathâ || 135 ||

       gândhâraç ca bhavetyâso hînasvaryam na câtra tu |
       daurbalyam câtra karttavyam dhaivatasyaršabhasya ca |
       šaḍjasaptamapañcamâḥ |
       gândharaç ca bhaven nyâso hînasvaryam na câtra tu |
       daurbalyam câtra karttavyam dhaivatasyaršabhasya ca |
       šaḍjaç ca madhyamaç caiva nišaḍo dhaivatas tathâ |
       syuḥ šaḍjodîcyavantyamçâ nyâsaç caiva nišaḍo dhaivatas tathâ |
       syuḥ šaḍjodîcyavantyamçâ nyâsaç caiva nišaḍo dhaivatas tathâ |
       syuḥ šaḍjodîcyavantyamçâ nyâsaç caiva madhyamaḥ |
       apanyâso bhavaty asyâ dhaivatâ šatsu pañca ca |
       parasparât tu gamanam chandam tac ca vidhîyatâm |
       pañcamaršabhahînam tu pâñcasvarvam tu tatra vai |

1 (G 79) A ṛšabham šâmḍavam câsyâm gândhâraç ca valî bhavat |
    G ṛšabhaḥ šâḍave hîno laṅghanam ca tayor bhavet |
2 (G 80) sarvešâm A. — 3 (G 81). — 4 (G 82). — 5 G offre à la place de cet
hém. le suivant (83) :
    ṛšabhaš šâḍave hîno durbalas sa viçešataḥ |
6 (G 84) išḷa taç ca prakîrtitâḥ | A. texte de G. Nous ne donnons qu'un hémistiche
au çloka 130.— 7 (G 85).— 8 (G 86).— 9 (G 87) pañca pañcâmçâ A.— 10 (G 88) šaḍja
A.— 11 (G 89) câršabham A.— 12 (G 90) âršabham A. câuḍuvitam A.— 13 manque
dans G qui intercale par erreur 3 hém. qui se retrouvent plus loin dans A. ṛšabhâ
dhvaivatam vrajet | A.— 14, 15 (G 94, 95) Texte de G corrigé. A trop fautif :
    gândhâryâ vidhivas tv ešasvaram nyâsâm sasamcaraḥ |
    lakšanam raktagândhâryâ gândhâryâ eva tu smṛtam |
16 (G 96).

1 gândhâraśadjayoç caiva saṃcâraç carśabhaṃ vinâ |
apanyâsas tathâ câtra eko vai madhyamaḥ smṛtaḥ ‖ 136 ‖
gândhârodîcyavâṃçau ca vijñeyau śadjamadhyamau |
pâñcasvaryaṃ na câsty atra sâṭsvaryam ṛśabhaṃ vinâ‖137 ‖
5 asyâs tv alpabahutvasya nyâsâpanyâsayos tathâ |
yaḥ śadjodîcyavâyâs tu sarvo 'tra sa vidhiḥ smṛtaḥ ‖ 138 ‖
madhyamâyâṃ bhavanty aṃçâ vinâ gândhârasaptamau |
eta eva hy apanyâsâ nyâsa eva hi madhyamaḥ ‖ 139 ‖
gândhârasaptamopetaṃ pâñcasvaryam vidhîyate |
10 śâṭsvaryaṃ câpy agândhâram kartavyaṃ tu prayogataḥ‖140‖
śadjamadhyamayoç câtra kâryaṃ bâhulyam eva ca |
gândhâralaṅghanaṃ câtra nityaṃ kâryaṃ prayoktṛbhiḥ‖141‖
madhyamodîcyavâyâs tu pañcamo'ṃçaḥ prakîrtitaḥ |
çeśo vidhis tu kartavyo gândhârodîcyavâṃ gataḥ ‖ 142
15 dvâv aṃçâv atha pañcamyâ ṛśabhaḥ pañcamas tathâ |
saṃniśâdâv apanyâsau nyâsaç caivâtra pañcamaḥ ‖ 143 ‖
madhyamâyâṃ tu kartavye śâdavâuḍavite tathâ |
daurbalyaṃ câtra vijñeyaṃ śadjagândhârapañcamaiḥ ‖144‖
kuryâd asyâṃ ca saṃcâraṃ pañcamasyarśabhasya ca |
20 gândhâragamanaṃ caiva kâryam alpaç ca saptamaḥ‖145‖
atha gândhârapañcamyâḥ pañcamo'ṃçaḥ prakîrtitaḥ |
pañcamaç carśabhaç caiva apanyâsau prakîrtitau ‖ 146 ‖
nyâsaç câtra tu gândhâraḥ sa ca pûrṇasvaro bhavet |
gândhârapañcamâbhyâṃ ca saṃcâro'tra vidhîyate ‖ 147 ‖
25 ṛśabhaḥ pañcamaç caiva gândhâro'tha niśâdavân |

---

1 (G 97) câršabhaṃ A. — 2 (G 98) La grammaire exigerait câtraiko ; licence fréquente à la fin d'un pada. madhyama A. — 3 (G 99). — 4 (G 100) pañca° A. śaṭsv° A. — 5, 6 (G 101-102). 5 asyâsthâ A (paraît corrigé en asyâs tv a°). 6 vidhiva A. — 7, 8, 9 (G 103, 104, 105). — 10, 11, 12 (G 91, 92, 93 ; puis 106, 107). 10 śaddharaṃ (?) A. — 13 (G 108).— 14 (G 109) madhyamâyâs tu yaḥ smṛtaḥ | A. texte de G (qui parfait le nombre des *apanyâsas*). — 15 (G 110) — 16, 17 (G 111, 112). — 18 (G 113). — 19 (G 114) °syârś° A. G a madhyama° au lieu de pañcama°. — 20 (G 115). A reproduit après 20 fautivement l'hém. 17 avec var. : madhyamâyâṃ tu vijñeye (ms. o) śâḍavâuḍavite budhaiḥ | . — 21 (G 116). — 22 (G 117) caiva a° exigé par le mètre. apanyâsaḥ prakîrttitaḥ | A. — 23 (G 118). — 24 (G 119). — 25 (G 120) ṛśabham pañcamasyaiva A.

1 catvaro 'mçâ bhavanty ândhryâm apanyâsâs ta eva tu || 148 ||
gândhâraç ca bhaven nyâsaḥ ṣaḍjopetaṃ ca ṣâḍavam |
gândhârarṣabhayoç 'câpi saṃcâras tu parasparam || 149 ||
saptamasya ca ṣaḍjasya nyâso gatyanupûrvaçaḥ |
5 ṣaḍjasya laṅghanaṃ kâryaṃ nâsti câuḍavitaṃ sadâ || 150 ||
nandayantyâḥ kramân nyâsas tv apanyâso'mça eva ca |
gândhâro madhyamaç caiva pañcamaç ceti nityaçaḥ || 151 ||
ṣaḍjenâmço laṅghanīya ândhrīsaṃcâra iṣyate |
laṅghanam ṛṣabhasyâtra tac ca mandragataṃ smṛtam || 152 ||
10 târagatyâ tu ṣaḍjaḥ syât kadâ cin nâtivartate |
gândhâraç ca grahaḥ kâryas tathâ nyâsaç ca nityaçaḥ || 153 ||
karmâravyâḥ smṛtâ hy aṃçâ ṛṣabhaḥ pañcamas tathâ |
dhaivataç ca niṣâdaç câpy apanyâsâs ta eva tu || 154 ||
pañcamaç ca bhaven nyâso hīnasvaryaṃ na câtra tu |
15 gândhârasya viçeṣeṇa sarvato gamanaṃ bhavet || 155 ||
kaiçikyâṃçâs tu vijñeyâḥ svarâḥ sarverṣabhaṃ vinâ |
eta eva hy apanyâsâ nyâsau gândhârasaptamau || 156 ||
dhaivate'mçe niṣâde ca nyâsaḥ pañcama iṣyate |
apanyâsaḥ kadâ cic ca ṛṣabho 'pi bhaved iha || 157 ||
20 arṣabhaṃ ṣâḍavaṃ câtra dhaivatarṣabhavarjitam |
tathâ câuḍavitaṃ kâryaṃ balinau ṣaḍjapañcamau || 158 ||
daurbalyam ṛṣabhasyâtra laṅghanaṃ ca viçeṣatah |
ṣaḍjamadhyâvad atrâpi saṃcâras tu bhaved iha || 159 ||
evam etâ budhair jñeyâ jâtayo daçalakṣaṇâḥ |
25 svasvaiç ca karaṇair yojyâḥ padeṣv abhinayair api || 160 ||

---

1 (G 121) andhryâm (corrigé ?) A. — 2 (G 122) bhave A. — 3 (G 123). — 4 (G 124). — 5 (G 125). — 6, 7 (G 126, 127). — 8, 9, 10 (G 128, 129, 130, 131). — 8 laṅghanīyo tīghra (? corr.) A.— 10 ṣaḍja syât A. — 11 (G 132). — 12, 13, 14 (G 133, 134, 135, 136). Le texte de G renferme en plus de A l'indication suivante : anaṃçâ (ms. anaṅgâ) balinas tathâ. — 12 A semble supprimer l'r de karma° par une correction douteuse. — 13 Dans A, la césure ne tombe pas après le 1er pada. — 14 bhave A. — 15 (G 137). — 16 (G 138) vijñeyâ svarâ A. — 17 (G 139). — 18 (G. 140) dhaivatâmçe A. nyâsa A. — 19 (G 142?) ca r° exigé par le mètre. — 20 (G 144). ṛsabham A. — 21 (G 145) caumḍu° A. valinau vâça° (corr. en marge en ṣaḍja) A. — 22 (G 141). — 23 (G. 146). °madyavad A. — 24 (G 147) °lakṣa̅ ˌaḥ | A. — 25 manque dans G. yojyam (?) A.

1 âsâm idânîm vakṣyâmi rasabhâvavikalpanam |
yathâ yasmin rase yâç ca tattvam me samnibodhata‖ 161 ‖

‖iti bhâratîye nâtyaçâstre jâtilakṣaṇo nâmâdhyâyo' ṣtâvimçatimaḥ ‖

1 manque dans G. — 2 (G 148) yathâ rasmin (corrigé?) rase yâç ca tâtva (surchargé : tva en marge) mam (corrigé en sam?) çan nibodhata | A. Nous restituons conformément à un hémistiche analogue d'un adhyâya suivant (le 31e) inédit : purvoktam vai vidhânam ca tatvam (sic) me samnibodhata |
3 ‖ iti bhâratîye nâtyaçâstre âtodyavidhir nâmâṣtâvimço 'dhyâyaḥ ‖ G.

APPENDICE

TEXTE DE G

Suite des variantes, de la page 39, l. 6, à la fin de l'adhyâya.

1 dvaigrâmikânâm jâtînâm sarvâsâm api nityaçaḥ |
aṅgâs trîśasthi vijñeyâs tâsâm caiva tathâ grahaḥ |
aṅgagrahâvidhim idânîm vaksyâmi
....ma..dîcyavâyaṃs tu grahâmçoś śadjamadhyamâḥ
5 ârśabhâç ca tathaivâmçâ niśâdarśarbhadhaivatâḥ
naiśâdinyâ niśadas tu gândhâraç cârśabhas tathâ |
aṅgâç ca śatjakaiçikyâś śadjagândhârâpañcamâḥ |
matisṃâm api jâtînâm grahâmç câṅgâç ca kîrttitâḥ |
śadjaç câ madhyamaç caiva niśâdo dhaivatas tathâ |
10 aṅgagrahâç ca catvâraś śadjodîcyapratiçrutâḥ |
pañcamo ṛśabhaç caiva śodo dhaivatas tathâ |
aṅgagrahâs tu catvâraś śadjodîcyapariçritâḥ |
pañcamo ṛśabhaç caiva niśâdo dhaivatas tathâ |
karmâravyâs tathaivâmçâç catvâras samprakîrttitâḥ |
15 gândhâraç carśabhaç caiva niśâdaḥ pañcamas tathâ |
âsâmç câgagrahâtyâç catvâraḥ.parikîrttitâḥ |
ṛśabhaç caiva śadjaç ca madhyamaḥ pañcamaḥ |
pañcamâyâ grahâs tv aṅgâ dhaivataç ca prakîrttitaḥ |
śadjâyâ śadjagândhârau madhyamaḥ pañcamas tathâ |
20 dhaivataç câpi vijñeyâ grahâç câmçâh prakîrttitâḥ |
niśâdarśabhagândhâra madhyamaḥ pañcamas tathâ |
gândhârîraktagândhâryo grahâmçâs tu budhair matâḥ |
varjitarśabhayogâs tu keçikyamçâś śadeva tu |
svarâs sarve ca vijneyâś śadjamadhyâmçagrahâḥ |
25 evaṃ triśasti vijñeyâ grahâç câmçâç ca jâtiśu |
aṅgavaç ca grahâs tâsâm sarvâsâm eva nityaçaḥ |
sarvâsâm eva jâtînâm trijâtis tu guṇa smṛtaḥ |

sarvathâ caivâ vijñeyâ varddhamânasvarâ tathâ |
ekasvaro dvisvaraç ca trisvaro'thaç catusvaraḥ |
30 pañcasvaraš šatsvaraç ca tathâ saptasvaro'pi ca |
dvividham alpatvaṃ laṅghanâd aubhyâssâc ca
gîtântaramârgam upâgatânâm šâdavâuḍavitakaraṇânâm
aṅgânâm ca svarânânâm laṅghanâd anabhyâsâc ca
sakṛd uccâraṇaṃ yathâjâti
35 tadvat bahutvam alpatvavicaryayât dvividham
evânyešâm api balinâm samcâraḥ
alpatvam ca yathâ | pûrvaviniçcayât
jâtisvarais tu nityam syâj jâtyalpatvam vidhânataḥ
samcâro'ṅgabalasthânâm alpatvam durbalešu ca |
40 dvividhântaramârgas tu jâtînâm vyaktikârakaḥ |
atha pañcasvarâḥ karṇyâḥ gat târagatiḥ
aṅgântârageti vidyâd â caturthasvarâd ihi
pañcamaṃ hy athâgacchet tato'ṅgavihitam tv iha
â pañcamât pañcamâd vâ nâtaḥ param ihešyate |
45 trividhâ mandragatiḥ
aṅgaparanyâsaparâ apanyâsaparâ ceti vâ
mandro hy aṅgaparo'nti hy âsau tu vau vyavasthitau
gândhâreva grahe nyâse štem ârša dhaivatam
šatsvaktam lakšaṇam câsya
50 šatsvarasya prayogo'yam tathâ | pañcasvarasya ca
catusvara prayogo'pi deçâpekšaḥ | prayujyate
atha nyâsaḥ aṅgasamâptau caikavimçat trividhaḥ sa ca
tadâ jâtyantaro'panyâsâ sa šaṭpañcâçat samkhyaḥ
evam uktam iha samyak jâtînâm lakšaṇam mayâ |
55 ata ûrdhvam pravakšyâmi tâsâm aṅgavikalpanam |
aṅgâ syu pañca šatjâyâ nišâdaršabhavarjitâḥ |
nyâsaš šatja upanyâso syâtâm gândhârapañcamau |
šâdayam saptamopotam alpo vai saptamaršabhau |
šadjagândhârasamcâras tathâ dhaivatašatjayoḥ |
60 gândhârasya tu bâhulyam yatra kâryam prayoktṛbhiḥ |
aṅgajâtâs tathâršabhyâm nišâdaršabhadhaivatâḥ |
ata ûrdhvam pravakšyâmi nyâsâpanyâsakalpanam |
eta eva hy apanyâsâ nyâsaç ca ṛšabha smṛtaḥ |
alpatvam ca viçešeṇa bhavet šâdavakâriṇaḥ |
65 laṅghanam pañcamasyaiva syâbh ârohaṇasaṃçrayât |
šatsvaram saptamam hînam pañcasvarye ca pañcamaḥ |

vivâdînâma svarâṇâm ca samcâro'tra vidhîyate |
dhaivatyâ dhaivato nyâsas syâd amço dhaivatarśabhau |
apanyâsâ bhavanty atra dhaivatarśabhamadhyamâh |
70 śadjapañcamahînam ca pañcasvaryam vidhîyate |
pañcamasya vinâçena sâdhavatvam vidhîyate |
ârohitau ca karttavyau laṅghanîyau dhaivatarśabhau
hînasvarasya bhâvât tu sampûrṇâ ceyam iśyate |
śatjaç ca madhyamaç caiva niśâdau dhaivatas tathâ |
75 bhavanti śadjodîcyavâ nyâso madhyama iśyate
apanyâsâv iha syâtâm dhaivatarśabha eva ca |
parasparâçânugamau gândhâro nupamî bhavet |
pañcamasvarahînam tu pañcasvaryam vidhîyate |
ṛśabhaś śadave hîno laṅghanam ca tayor bhavet |
80 sarveçâś śatjamadhyâyâ apanyâsas ta eva ca |
śadjaç ca madhyamaç caiva nyâsau kâryau prayokṛtbhih |
gândhârasaptamopetam pañcadhuryam vidhîyate |
ṛśabhaś śâdave hîno durbalas sa viçeśatah |
sarvasvarâṇâm samcâra iślas tasyâm prayoktṛbhih |
85 śatjagrâmâçritâ hy eśâ vijñeyâs sapta jâtayah |
ata ûrdhvam pravakśyâmi madhyamagrâmasamçritâh |
aṅgâ syuh pañca gândhârye dhaivatarśabhavarjjitâh |
apanyâsatva madhyâs tu śadjamapañcamayor api |
gândhâraç ca bhave nyâsaś śâḍavam tv ṛśabham vinâ |
90 dhaivadarśabhahînam tu pañcasvaryam vidhîyate |
śatsvaryam atha gândhâryâm karttavyam svarayogatah |
śatjamadhyamayor atra bâhulyam samvidhîyate |
prayoktṛbhih prayoktavyam gândhârasya ca laṅghanam |
gândhârîvihita nyâso hînasvaryam ca lakśaṇam |
95 sarvam ca raktâpûrvâyâ gândhâryâç ca vinirddicet |
balavantau vidhâtavyau dhaivatas saptamas tathâ |
gândhâraśadjayor atra samcâra ṛśabham vinâ |
apanyâsas tu kârya syâd eka vi vâtra madhyamah |
gândhârodîcyavâyâm tu dvâv amçau śadjamadhyamau |
100 pañcasvaryam bhaven nâtra śâtsvaryam cârśabham vinâ |
kâryo' trântaramârgas tu nyâso' panyâsa eva tu |
tatrâlpatvâdividhayaś śadjodîcyavatîsamâ |
madhyamâdvâ bhavanty aṅgâs sa śadjarśabhamadhyamâh |
pañcamo dhaivataç caivâpanyâsâs tatra eva tu |
105 nyâso madhyama evâtra viçrutyo hînakâ bhavet |

gândhârahînâ šatsvaryam bâhulyam satjamadhyayoh |
gândhârasya ca daurbalyam madhyamâyâ vidhîyate |
madhyamodîcyavâyâs tu madhyamo'mço na hînatah |
çešo vrttiç ca karttavyo gândhârodîcyavâm gatah |
110 dvâv amçâv api pañcamyâ bhavatah pañcamaršabhau |
apanyâso nišâdaç ca mañcamaršabhasamyutah |
nyâsa pañcama eva syât madhyamâvacyanînatâ |
durbalâç câtra karttavyâš šatjagândhâramadhyamâh |
kuryâc câpy atra samcâram madhyamasyaršabhasya ca |
115 gândhâragamanam câlpam saptamât samprayojayet |
atha gândhârapañcamyâh pañcamâmçah prakîrttitah |
pañcamaršabham caivâpanyâsau prakîrttitau |
gândhâro'tra bhave nyâso hînâsvâryaç ca nešyate |
pañcamyâs tatha gândhâryâ samcâraç ca vidhîyate |
120 ršabhah pañcamaç caiva gândhâro'tra nišâdavân |
catvâro'mçâ bhavanty andhryâh apanyâsâs ta eva ca |
gândhâryâç ca bhave nyâsaš šadjâpetaç ca šâdavah |
gândhârašadjayor atra samcâra syât parasparam |
šašthasaptamayoç câtra nyâsagamyânupûrvaçah |
125 šadjasya langhanam câtra nâsti nainadubitam tathâ |
nandayantyâ bhavanty angâ pañcamo nityam eva tu |
syâtâm asyânapanyâso madhyamah pañcamas tathâ |
šâdavam šatjahînam tu langhanîyas sa eva ca |
anghrîvak samcârâ nityam ršabhasya ca langhanam |
130 tatra mandagatah proktâ nityam gânaprayoktrbhih |
târagatyâtha šadjas tu kadâ cin nâtivarttate |
gândhâre ca grahah kâryah tathâ nyâsaç ca nityaçah |
karmâravyâ bhavanty âgâh pañcamaršabhadhaivatâh |
nišâdaç ceti catvâro grahâç ca parikîrttitâh |
135 eta eva panyâsâ nyâsâ pañcama išyate |
hînasvaryam na câtra syâd anangâ balinas tathâ |
gândhârasya viçešena sarvato gamanam bhavet |
kaiçikyams tu bhavanty âgâs sarve caršabhavarjjitâh |
eka eva hy apanyâsâ nyâsau gândhârasaptamau |
140 dhaivato'nge nišâde ca nyâsâh pañcama išyate |
daurbalyam caršabham ca syâ langhanam ca viçešatah |
apanyâsatvam angatvam bâhulyam ca kadâ ca nâ |
bhaved asyaiva samcâraš šadjamadhyamvad išyate |
ršabhaš šâdave hîno dhaivataç caršabham vinâ |

145 kâryam coḍuvitâ nâtra baliⁿântyapañcamau |
ṣatjamadhyamad atrâpi saṃcâras tu vidhîyate |
evam etâ budhai jñeyâ jâtayo daçalakšaṇâḥ |
kâryâ yasmin rase yâç ca tâç ca me saṃnibodhata |

|| iti bhâratîye nâtyaçâstre âtodyavidhir nâmâštâviṃço 'dhyâyaḥ ||

TRAITÉ DE BHARATA SUR LE THÉATRE

VINGT-HUITIÈME ADHYAYA

Les jâtis (A)

ou l'Instrumentation musicale (G)

(prose) L'auteur va traiter des instruments de musique (*âtodya* [1]).

1 Il y en a quatre espèces : *tata* [2], *avanaddha* [3], *ghana* [4], *susira* [5].

2 Le *tata* comprend les instruments à cordes *(tantîkṛta)*; l'*avanaddha* désigne les tambours *(pauṡkara* [6]*)*; comme exemple de *ghana* on donne la cymbale *(tâla* [7]*)*; pour le *susira*, la flûte *(vamça* [8]*)*.

3 Pour ce qui est de leur emploi dans le drame *(nâtaka)*, ces quatre espèces se réduisent à trois : le *tata*, l'*avanaddha*, et l'exécution scénique *(nâṭyakṛta* [9]*)*.

4 Dans le *tata*, la composition du groupe des exécutants *(kutapavinyâsa* [10]*)* comprend le chanteur *(gâyana)* avec ses assistants *(parigraha* [11]*)*, le joueur de *vipañcî* [12] (luth), le joueur de *vînâ* [13] (luth) et le joueur de flûte *(vamça)*.

5 Dans l'*avanaddha*, les diverses espèces de tambours, le *mṛdaṅga* [14], le *paṇava* [15], le *dardura* [16], forment le *kutapa*.

6   Dans l'exécution scénique *(nâṭyayoga)*, le *kutapa*, variant suivant les pays *(nânâdeçasamâçraya*[17]*)*, comprend des personnages de condition supérieure, inférieure et moyenne.

7   Ainsi s'exécutent, à l'image d'un cercle de feu *(alâtacakrapratimam*[18]*)* [c'est-à-dire en étroite relation], ces diverses parties d'un tout : le chant *(gîta)*, la musique instrumentale *(vâdya*[19]*)* et le drame *(nâṭya)*.

8   Quant au genre composé d'instruments divers appelé *tata* ou *tantîkṛta*, il reçoit le nom de « *gândharva*[20] », embrassant les sons musicaux *(svara)*, la mesure *(tâla)* et les mots *(pada)*.

9   Ce nom de *gândharva* lui vient de ce qu'il fait la joie et les délices des dieux et des *gandharvas*[21].

10   Les éléments *(yoni)* du *gândharva* sont le corps *(gâtra)* [ou le chant *(gâna)*], le luth *(vîṇâ)* et la flûte *(vamça)*.

L'auteur va en dire la règle, qui a sa base dans les notes.

11   Le *gândharva* se divise en trois parties : sons musicaux, mesure et texte. On en dira la définition et l'objet *(karman)*.

12   [LES SVARAS[22]]. Les *sons musicaux* ont deux sièges de production : la *vîṇâ* et le corps. Suit l'indication des caractères distinctifs qui constituent chacun d'eux.

13   Les *svaras*, les deux *grâmas*, les *mûrchanâs*, les *sthânas*, les *vṛttis*, les deux *sâdhâraṇas*, les *varṇas*, les *alaṃkâras*, les *dhâtus*,

14   les *çrutis*, les *jâtis*, telle est l'énumération des éléments de la *vîṇâ* faite de bois *(dâravî)*.

15   Les *svaras*, les deux *grâmas*, les *alaṃkâras*, les *varṇas*, les *sthânas*, les *jâtis*, les deux *sâdhâraṇas* [et les *gîtis* (texte de G)], tel est le résumé des éléments de la *vîṇâ* corporelle *(çârîrî)*.

16,17   [LE PADA[23]] La règle relative au *texte* embrasse : les consonnes *(vyañjana)*, les voyelles *(svara)*, les lettres

(varṇa), les combinaisons euphoniques *(saṃdhi)*, les dé-
sinences casuelles *(vibhakti)*, les noms *(nâman)*, les
verbes *(âkhyâta)*, les prépositions *(upasarga)*, les par-
ticules *(nipâta)*, les suffixes secondaires *(taddhita)*, la
métrique *(chandas)*.

18   Le *pada* est de deux sortes : assujetti aux entraves
du vers *(nibaddha)*, ou laissé aux libertés de la prose
(anibaddha).

19,20,21 [LES TALAS [24]]. La règle relative à la *mesure* comprend
vingt et une subdivisions : *âvâpa, niṣkrâma, vikṣepa,
praveçana, çamyâtâla, samnipâta, parivarta, vastuka,
mâtrâ, pramâṇa, bîja, vidârin, yati, laya, gîtis,
avayavas, mârgas, pâdabhâgas, pâṇis,* [*aṅgulis* et *pra-
karaṇa* (ms. G.)].

Tel est le *gândharva* résumé. L'auteur va en présenter le développement.

LES NOTES [25]. —

22   Il y en a sept : *ṣadja* [26], *ṛṣabha, gândhâra, madhyama,
pañcama, dhaivata, niṣâda.*

23   Elles sont classées sous quatre catégories, d'après
les *intervalles* (*çrutis* [27]) qui les séparent les unes des
autres; elles sont : *vâdins* ou dominantes, *samvâdins*
ou consonantes, *anuvâdins* ou auxiliaires, *vivâdins*
ou dissonantes.

(prose)   Toute note *dominante* est en même temps tonique
(aṃça).

Les notes entre lesquelles on compte neuf ou treize
intervalles sont *consonantes* [28].

TABLEAU DES NOTES CONSONANTES

ṣadjagrâma			*madhyamagrâma*		
ṣadja *pañcama*	}	13 *çrutis*	*pañcama* *ṛṣabha*	}	13 *çrutis*
ṛṣabha *dhaivata*	}	13 —	[*ṛṣabha* *dhaivata*	}	12 —] ?

šadjagrâma			*madhyamagrâma*		
gândhâra *nišâda*	}	13 *çrutis*	*gândhâra* *nišâda*	}	13 *çrutis*
šadja *madhyama*	}	9 —	*šadja* *madhyama*	}	9 —

24 La seule différence qu'il y ait à ce propos entre les deux modes de la gamme porte sur ce fait que les consonantes *šadja* et *pañcama* du *šadjagrâma* sont remplacées en *madhyamagrâma* par *pañcama* et *ršabha*.

(prose) Les notes *dissonantes* [29] sont celles qui présentent vingt intervalles (?).

TABLEAU DES NOTES DISSONANTES

ršabha *gândhâra*	}	3 *çrutis*	*dhaivata* *nišâda*	}	3 *çrutis*

Les notes qui ne sont ni dominantes, ni consonantes, ni dissonantes, sont *auxiliaires* [30].

TABLEAU DES NOTES AUXILIAIRES

šadjagrâma			*madhyamagrâma*		
vis à vis de *šadja*	{	*ršabha* *gândhâra* *dhaivata* *nišâda*	vis à vis de *madhyama*	{	*pañcama* *dhaivata* *nišâda*
— *ršabha*	{	*madhyama* *pañcama* *nišâda*	— *pañcama*	{	[*ršabha*] ? *šadja* *gândhâra*
— *gândhâra*	{	*madhyama* *pañcama* *dhaivata*	— *dhaivata*	{	*šadja* [*ršabha*] ? *gândhâra*
— *madhyama*	{	*dhaivata* *pañcama* *nišâda*	— *nišâda*	{	*šadja* *ršabha* [*gândhâra*] ?
— *pañcama*	{	*dhaivata* [*šadja*] ?			
— *dhaivata*	{	*šadja* *madhyama* *pañcama*			

Le terme *vâdin* dérive de *vadana; samvâdin* de *saṃvadana ; vivâdin* de *vivadana; anuvâdin* de *anuvadana.*

?   Le manque de justesse [31] par excès ou différence *(nyûnâdhikatva)* dans la production des sons [rangés sous ces quatre catégories] résulte de l'imperfection *(vaigunyât)* du *danḍa* [ou manche de l'instrument] et du défaut de résonnance des cordes.

Telles sont les quatre catégories des notes.

LES MODES DE LA GAMME *(grâma* [32]*). —*

Il y a deux modes de la gamme : le mode *šadja* et le mode *madhyama* [33].

LES VINGT-DEUX INTERVALLES *(çruti). —*

Chacun de ces modes comprend vingt-deux intervalles [34].

25   En voici le décompte pour le *šadjagrâma :*
      trois, deux, quatre, quatre, trois, deux, quatre.

(prose)   Dans le *madhyamagrâma, pañcama* doit être diminué *(apakršṭa* [35]*)* d'un intervalle *(çruti).* L'intervalle d'une *çruti (antara)* qui représente l'élévation *(utkarša)* ou l'abaissement *(apakarša)* de *pañcama,* sa diminution *(mârdava)* ou son augmentation *(âyatatva),* est la *çruti*-type, indicatrice *(pramâṇa).*

EXPOSÉ DÉMONSTRATIF DE LA THÉORIE DES *çrutis* [36].

??   Soient deux luths *(vînâ)* accordés en *šadjagrâma,* ayant même *mûrchanâ,* même *danḍa,* même résonnance des cordes et même *çruti*-type. On fait dans l'un ou l'autre de ces luths la *çruti* du mode *madhyama,* en diminuant *pañcama,* de telle sorte que par une simple modification de *pañcama (pañcamavaçât)* on pourrait rétablir la *çruti* du mode *šadja :* on a ainsi diminué d'une *çruti.*

On procède à une nouvelle diminution : les notes *gândhâra* et *nišâda* de l'un des luths deviennent alors dans l'autre *dhaivata* et *r̥sabha*, par suite de l'addition de deux *çrutis* (?).

Nouvelle diminution, en vertu de laquelle *dhaivata* et *r̥sabha* du premier deviennent dans le second *pañcama* et *šadja*, grâce à l'addition de [trois] *çrutis* (?).

Enfin, subissant encore une diminution, le premier voit ses notes *pañcama, madhyama* et *šadja* devenir dans l'autre *madhyama, gândhâra* et *niśâda*, par l'addition de quatre *çrutis* (?).

— La démonstration précédente permet de saisir le détail des vingt-deux *çrutis* des deux *grâmas*.

Suivent des *çlokas* (**26-29**).

DISPOSITION DES *çrutis* DANS LES DEUX MODES DE LA GAMME

Mode šadja

šadja	r̥sabha	gândhâ-ra	madhyama	pañcama	dhaivata	niśâda
$\frac{1}{4}$ $\frac{1}{4}$ $\frac{1}{4}$ $\frac{1}{4}$						
4 *çrutis*.	3 —	2 —	4 —	4 —	3 —	2 —

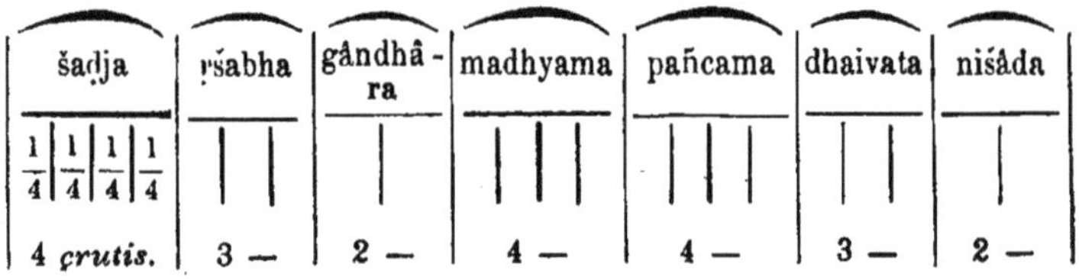

Mode madhyama

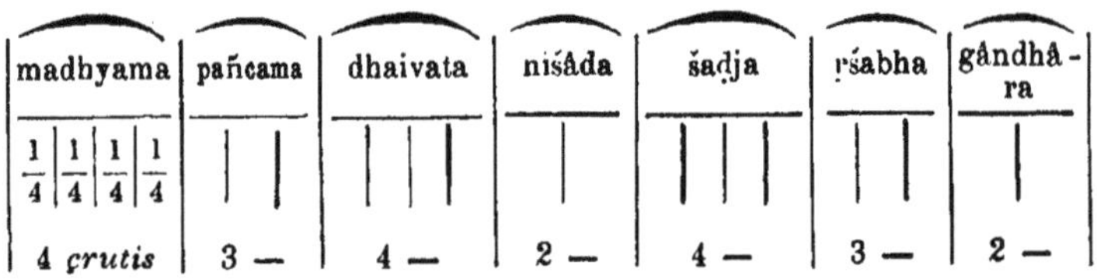

madhyama	pañcama	dhaivata	niśâda	šadja	r̥sabha	gândhâ-ra
$\frac{1}{4}$ $\frac{1}{4}$ $\frac{1}{4}$ $\frac{1}{4}$						
4 *çrutis*	3 —	4 —	2 —	4 —	3 —	2 —

(prose)   Tel est le tableau des intervalles *(antara)*.

LES *Mûrchanâs* [37]. —

Il y a quatorze *mûrchanâs* [ou séries continues des notes successives] pour les deux modes [réunis].

30-31
(et prose)   TABLEAU DES SEPT *mûrchanâs* DU MODE *sadja*.

Noms des MURCHANAS.	Série correspondante.
uttaramandrâ [38]	*sadja*, etc.
rajani	*nisâda*, etc.
uttarayatâ	*dhaivata*, etc.
çuddhasadjâ	*pañcama*, etc.
matsarikr̥tâ	*madhyama*, etc.
açvakrântâ	*gândhâra*, etc.
abhirudgatâ	*r̥sabha*, etc.

32-33
(et prose)   TABLEAU DES SEPT *mûrchanâs* DU MODE *madhyama*.

Noms des MURCHANAS.	Série correspondante.
sauviri	*madhyama*, etc.
harinâçvâ	*gândhâra*, etc.
kalopannatâ	*r̥sabha*, etc.
çuddhamadhyamâ	*sadja*, etc.
mârgî (ou mârgavî)	*nisâda*, etc.
pauravî	*dhaivata*, etc.
hr̥syakâ	*pañcama*, etc.

(prose)   Telle est la série des *mûrchanâs*.

Ces quatorze *mûrchanâs* sont de quatre espèces : *pûrnâs, sâdavâs, audavâs, sâdhâranakr̥tâs*.

34   Les sept notes en gradation (*kramayukta*), c'est ce qui constitue les *mûrchanâs* [complètes (*purna*)].

Les *mûrchanâs* d'une échelle à six et à cinq notes sont appelées *sâdavâs* et *audavâs*.

35   Celles d'une échelle qui renferme des accidents (*kâkali*), des notes intermédiaires (*antarasvara*) sont, dans les deux modes, dites *sâdhâranakr̥tâs*.

??   Une même *mûrchanâ* se fait de deux manières [39] : *gândhâra* [qui a deux *çrutis* en mode *sadja*] devient [avons-nous vu] *dhaivata* [en *madhyama*] par l'addition de deux *çrutis* : les *mûrchanâs* diffèrent suivant les deux modes de la gamme.

En *sadja* comme en *madhyama (?)*, par suite de la diminution de *dhaivata*, de l'augmentation de *nisâda*, il

y a deux manières pour les *mûrchanâs*. Il y a désignation différente, quoiqu'il y ait même nombre de *çrutis*
intercalaires (?)... l'intervalle et de quatre *çrutis* entre
[pour?] *pañcama* et *dhaivata;* il est de même de quatre *çrutis* en raison de l'augmentation de *gândhâra.*
Les autres notes [abstraction faite de *gândhâra?*],
madhyama, pañcama, dhaivata, nisâda, sadja, rsabha,
deviennent *madhyama,* etc. (?) par suite de l'équiva-
lence de leurs *çrutis* intercalaires.

—   Pour la théorie des intervalles *(antara),* voir ce qui
a été dit précédemment à propos de la théorie des
çrutis (p. 57-58).

(prose)   Les *tânas* [40], fondés sur les *mûrchanâs,* [*mûrchanâs* à
six ou cinq notes?] sont au nombre de quatre-vingt-qua-
tre. Il y en a quarante-neuf pour l'échelle à six notes,
et trente-cinq pour celle à cinq notes.

Les *tânas* de l'échelle à six notes *(satsvara)* forment
[suivant la note supprimée] sept classes :

Quatre en mode *sadja,* par suppression de *sadja,*
rsabha, pañcama, nisâda ;

Trois en mode *madhyama,* par suppression de *sadja,*
rsabha, gândhâra.

Ce qui fait pour toutes les *mûrchanâs* un total de
quarante-neuf *tânas satsvaras* [7×7].

Les *tânas* d'une échelle à cinq notes [*pañcasvara*]
constituent cinq classes :

Trois en mode *sadja,* par suppression d'un des trois
couples : *sadja, pañcama; rsabha, pañcama* [41]*; gândhâra, nisâda ;*

Deux en mode *madhyama,* avec suppression des couples *gândhâra, nisâda* ou *rsabha, dhaivata* [42].

Ce qui fait pour toutes les *mûrchanâs* un total de
trente-cinq *tânas pañcasvaras :* vingt-et-un en mode
sadja [7×3], quatorze en mode *madhyama* [7× 2].

Tels sont les *tânas,* dont l'ensemble s'élève à quatre-
vingt-quatre.

??   **Dans** les instruments à cordes *(tantrî)* il y a deux modes d'exécution des *tânas :* le *praveça* et le *nigraha* [43].

Le *praveça* consiste dans le passage d'une note inférieure à une note supérieure (?) ou d'une note supérieure à une inférieure (?).

Le *nigraha* c'est l'*asamparça (?)* c'est-à-dire le fait de ne pas toucher la note intermédiaire (?).

Quand, dans le luth, la note intermédiaire est employée et maintenue, il y a *mûrchanâ (?)*.

C'est de la note intermédiaire que dépend le *nigraha* ou le *praveça (?)*.

— Telle est la nature des *mûrchânas* et des *tânas,* qui servent au plaisir de l'exécutant et de l'auditoire.

Les *mûrchanâs* s'exécutent dans les différents *sthânas* [organes producteurs des sons, registres de la voix].

Il y a trois *sthânas* [44]. — Voir ce qui en a été dit dans la règle des *kâkus* [*adhyâya* xvii (A) ou xix (G)].

Les *sâdhâranas* [45]. —

(prose)   Le *sâdhârana* c'est le fait pour un son d'être intermédiaire *(antara)* [entre deux notes].

[Définition plus générale :] Une chose placée entre deux autres est *sâdhârana.*

Exemple tiré de l'intervalle des saisons :

36   A l'ombre il fait frais, mais au soleil on entre en sueur : le printemps est bien venu, mais la saison froide *çiçira* fait encore sentir ses derniers effets.

(prose)   C'est le *sâdhârana* des saisons.

[En musique,] il y a deux sortes de *sâdhâranas :* le *sâdhârana* des notes et celui des *jâtis.*

??   Le *sâdhârana* des notes comprend des notes *kâkalîs* et des notes *antaras (?).*

Supposons *nishâda* augmenté de deux *çrutis : nishâda* [par suite de cette acquisition] est dit *kâkalî,* mais ne devient pas *shadja;* entre les deux se place un son intermédiaire : le *sâdhârana* prend naissance.

De même, *gândhâra* [dans les mêmes conditions]
reste *gândhâra* avec désignation d'*antarasvara*, mais
ne devient pas *madhyama*, car entre les deux se place
un son intermédiaire : là encore il y a *sâdhârana*.

— D'où vient cette désignation de *kâkalî*, donnée à
nišâda ?

Kâkalî [46] est formé sur *kala* (ténu, faible), avec idée
de mauvaise qualité ou d'extrême ténuité [rendue par la
particule *kâ*], comme dans *kâkšin*. La réunion des deux
éléments donne le mot *kâkalî*.

De même que le sel (*lavana*), regardé comme faisant partie du groupe des six saveurs, [change de nom
et] est appelé du nom générique de *kšâra* (piquant)
[du reste comme chacune des cinq autres substances
(G)]; — de même *nišâda* est appelé *kâkalî*, et *gândhâra* (?), *antara* [47].

?? Le *sâdhârana* des *jâtis* résulte de la diversité des
toniques d'un même mode, mais de la réunion de [plu-
sieurs] *jâtis* (?) : la dénomination est aisée à comprendre (?).

Le *sâdhârana* des notes est de deux sortes, suivant
les deux modes. Voici comment : dans le mode *šadja*,
il y a *šadjasâdhârana*; dans le mode *madhyama, ma-
dhyamasâdhârana*.

Le *sâdhârana* est ici une espèce de note distincte (?).
Il en est ainsi pour le *šadjasâdhârana*; il y a de même
sâdhârana en mode *madhyama*.

En raison de la subtilité de son exécution, on l'ap-
pelle *kaiçika* [48].

Tel est le *sâdhârana* des notes. Il s'emploie dans les
jâtis où *gândhâra* et *nišâda* sont *alpas*.

— Suivent des *çlokas* :

37,38 ?? Les notes intermédiaires (*antara*) forment, dans la
gamme ascendante, des séries où la différence entre
les notes est toujours très petite (*svalpa*) (?); il n'en
est pas de même dans la gamme descendante, où la

différence, est tantôt petite (*alpa*), tantôt grande
·(*bahu*) (?). — Les notes intermédiaires constituent
l'attrait (*râga* [49]) des *jâtis*, et produisent les *çrutis*.

LES *jâtis* [50]. —

[Formules indiquant les principales dispositions mélodiques des notes, la structure possible des phrases
musicales]

39,40 ? [Les *jâtis* où s'emploie le *sâdhârana* des notes sont
au nombre de trois : *madhyamâ*, *pañcamî* et *sadja-
madhyâ*. Les éléments (*anga?*) qui les composent [ou
leurs toniques (*amça*)?] sont *sadja*, *madhyama* et *pañcama* . . . .]

41   L'auteur a déjà mentionné précédemment (?) les
dix-huit *jâtis* : il en fera l'exposition en indiquant
leurs *nyâsas* et *apanyâsas*.

41-45   ÉNUMÉRATION DES DIX-HUIT *jâtis*.

MODE *sadja*.	MODE *madhyama*.
sâdjî ou (*sâdjâ*) [51]	*gândhârî* (ou *gândhârâ*)
ârsâbhî	*madhyamâ*
dhaivatî	*pañcamî*
nisâdinî (ou *nisâdavatî*)	*gândhârodîcyavâ*
sadjodîcyavatî (ou *°dîcyavâ*)	*raktagândhârî*
sadjakaiçikî	*gândhârapañcamî*
sadjamadhyâ (ou *°madhyamâ*)	*madhyamodîcyavâ*
	nandayantî
	karmâravî
	ândhrî
	kaiçikî

(prose)   De ces dix-huit *jâtis*, sept empruntent leur nom aux
notes. Ces sept *jâtis* [simples] sont de deux sortes : naturelles (*çuddha*) ou artificielles (*vikṛta*). Les *jâtis* naturelles sont :

Mode *ṣadja*.	Mode *madhyama*.
ṣâḍjî	*gândhârî*
ârṣabhî	*madhyamâ*
dhaivatî	*pañcamî*
niṣâdavatî	

Elles sont naturelles, quand elles se composent de notes complètes (*anyûna*) [c'est-à-dire ayant toutes leurs *çrutis*], et sont pourvues d'*amças*, de *grahas* et de *nyâsas*.

Ces mêmes *jâtis* sont artificielles, quand elles ont subi une modification (*vikriyâ*) dans un, deux, ou plusieurs de leurs éléments — abstraction faite du *nyâsa* (?).

Ainsi elles sont tantôt naturelles, tantôt artificielles.

Pour ce qui est du *nyâsa*, dans les *jâtis* naturelles il est nécessairement (*niyamât*) à l'octave inférieur (*mandra*) (?); dans les *jâtis* artificielles, il n'y a pas là obligation.

LES ONZE *jâtis* RÉSULTAT D'UNE COMBINAISON, ET ARTIFICIELLES :

De la combinaison [de *jâtis* simples] naissent onze [autres] *jâtis*.

46 Les *jâtis* simples sont naturelles ou artificielles; de leur combinaison résultent d'autres *jâtis* : elles sont naturelles-artificielles (*çuddhavikṛta*); il y en a, de plus, onze autres [artificielles?].

47 Pour chacune de ces onze *jâtis*, on va indiquer, brièvement et dans l'ordre, le mode de formation en ce qui concerne les notes, les toniques (*amça*), les *jâtis* [simples qui les composent].

48-54 TABLEAU DES ONZE *jâtis* COMPOSÉES

Leurs noms	Jâtis *composantes*
šadjamadhyamâ	*šâdjî* *madhyamâ*
šadjakaiçikî	*gândhârî* *šâdjî*
šadjodîcyavâ	*šâdjî* *gândhârî* *dhaivatî*
gândhârodîcyavatî	*šâdjî* *gândhârî* *pañcamî (madhyamâ, G)* *dhaivatî*
madhyamodîcyavâ	*gândhârî* *pañcamî* *madhyamâ* *dhaivatî*
raktagândhârî	*gândhârî* *pañcamî* *nišâdî*
ândhrî	*gândhârî* *âršabhî*
nandayantî	*âršabhî* *pañcamî* *gândhârî*
karmâravî	*nišâdî* *âršabhî* *pañcamî*
gândhârapañcamî	*gândhârî* *pañcamî*
kaiçikî	*šâdjî* *gândhârî* *madhyamâ* *pañcamî* *nišâdî*

55 Telles sont les *jâtis* composées; elles ont des caractères distinctifs, appartiennent à l'un ou l'autre mode de la gamme, et leurs éléments sont les notes.

56   De ces dix-huit *jâtis*, quatre sont toujours nécessairement à sept notes (*saptasvara, sampûrna*);

quatre à six notes (*satsvara, sâdava*);

dix à cinq notes (*pañcasvara, audava*).

57-64   DIVISION DES *jâtis* D'APRÈS LE NOMBRE DES NOTES QU'ELLES POSSÈDENT :

	4 sampûrnâs	4 sâdavâs	10 audavâs
mode sadja	1 {*sadjakaiçikî*	1 {*sadjî*	5 {*ârsabhî* / *dhaivatî* / *nisâdî* / *sadjamadhyamâ* / *sadjodîcyavatî*
mode madhyama	3 {*karmâravî* / *gândhârapañcamî* / *madhyamodîcyavâ*	3 {*gândhârodîcyavâ* / *ândhrî* / *nandayantî*	5 {*gândhârî* / *raktagândhârî* / *madhyamâ* / *pañcamî* / *kaiçikî*

61   Les *jâtis* à cinq notes [52] sont parfois *sâdavâs* (c.-à-d. ayant six notes); les *jâtis* à six notes, parfois *audavâs* (c.-à-d. ayant cinq notes).

65   Telles sont les *jâtis* dans les deux modes de la gamme. Suit l'indication de la tonique *(amça)* qui leur convient.

66   La *jâti sadjamadhyamâ*, dans une échelle à six notes, ne peut avoir *nisâda* comme tonique. Par suite de la perte de sa consonante [qui est *nisâda*], *gândhâra* non plus ne peut être ici la tonique.

67   *Pañcama* ne saurait être la tonique des *jâtis* à six notes *gândhârî, raktagândhârî, kaiçikî;* pas plus que *gândhâra* de *sâdjî*.

68   Avec *dhaivata* comme tonique, *sadjodîcyavatî* ne peut être *sâdavâ* (à six notes) [ou (G) *dhaivata* n'est pas la tonique de cette *jâti* dans une échelle à six notes].

Quand elles perdent la consonante [de la note désignée comme ne pouvant être tonique (?)], ces sept (?)
jâtis [53] cessent d'être *sâtsvarîs* (à six notes) [et deviennent *âudavîs* (?)].

69   *Gândhârî* et *raktagândhârî*, dans une échelle à cinq
notes, ont comme toniques : *sadja, madhyama, pañcama* et *nisâda*.

70   Les toniques dans *sadjamadhyamâ* sont au nombre
de deux : *gândhâra* et *nisâda; dans *pañcamî* la tonique
est *rsabha; dans *kaiçikî, dhaivata*.

71   Telles sont les douze notes (?) [54] qui disparaissent
dans les *jâtis* à cinq notes; mais ces *jâtis* n'appartiennent pas toujours à une échelle à cinq notes.

72   Les sept notes peuvent disparaître dans les *jâtis*,·
sauf *madhyama* qui subsiste toujours.

73   C'est que, des sept notes, *madhyama* est la note par
excellence (*pravara*), l'impérissable (*anâçin*); *madhyama* fixée par les chantres du *sâma-veda* eux-mê-
més dans le *gândharvakalpa* (traité de musique).

LES DIX ÉLÉMENTS CARACTÉRISTIQUES DES *jâtis* [55].

Ce sont :

74   *Graha* (note initiale), *amça* (tonique), *târa* (octave su-
périeur?), *mandra* (octave inférieur?), *nyâsa* (finale),
apanyâsa (médiane), *alpatva* (diminution ou emploi
rare?), *bahutva* (augmentation ou fréquence?), *sâdava*
(échelle à six notes), *audava* échelle à cinq notes).

LE *graha* [56]. —

75   La note initiale, dans toute *jâti*, est identique à la
tonique ; la tonique, dans une *pravrtti* (?) est à la fois
tonique et initiale.

L'*amça* [57]. —

76-78 ? Fondement et source du charme musical (*râga*), con-

dition du *mandra* et du *târa* relatif à cinq notes (?),
note distinctement perceptible au milieu de la combinaison des différentes notes, note dominante pourvue
de consonantes et d'auxiliaires, donnant naissance au
graha, à l'*apanyâsa,* au *vinyâsa,* au *nyâsa,* au *sam-
nyâsa,* enfin commandant tout développement (?), —
tel est l'*amça* avec ses dix caractéristiques.

L**a** *târagati* relative à cinq notes [58]. —

79 ? C'est seulement de la tonique à la quatrième note
que se soutient la modulation de tête (?), ou bien jusqu'à la cinquième, ou encore de la cinquième [à la
tonique?].

L**a** *mandragati* [59]. —

(prose) La modulation de poitrine (?) est de trois sortes : relative à l'*amça* (*amçaparâ*), au *nyâsa* (*nyâsaparâ*), ou à
l'*apanyâsa* (*apanyâsaparâ*).

80 ? Il n'y a pas lieu à *mandra* pour l'*amça* (?); pour le
nyâsa, il y a deux *mandras* possibles : quand *gândhâra*
représente le *nyâsa,* ce sont *r̥sabha* et *dhaivata* (?).

L**e** *nyâsa* [60]. —

(prose) 81 Il y a vingt-et-un *nyâsas.* Le *nyâsa* est la note qui
termine une phrase (*aṅga*).

L'*apanyâsa.* —

(prose) 84 Il y a cinquante-six *apanyâsas.* L'*apanyâsa* est la
note placée au milieu de la phrase.

(prose) ?? L'*alpatva* [61] est de deux sortes : par *laṅghana* et *anabhyâsa.* Du *laṅghana* de notes, promues à l'*antaramârga*
de morceaux chantés, résulte la production du *sâdava*
et de l'*audava* (?); de l'*anabhyâsa,* résulte une seule
émission (*sakr̥d uccâraṇa*) selon la *jâti* (?).

Le *bahutva,* l'inverse de l'*alpatva,* est de même de

dèux sortes. Il y a *samcâra* pour d'autres *balins*.

82 ?? On a établi précédemment la distinction qu'il y a
entre *alpatva* et *bahutva*.

Pour les *jâtis,* l'*alpatva* est produit au moyen des
notes des *jâtis;* il est de même de deux sortes.

83 ?? Il y a *samcâra* pour les *jâtis* dont la tonique est *bala;*
alpatva pour celles qui sont *durbala*. L'*antaramârga,*
manifestation des *jâtis,* est ainsi de deux sortes.

(prose) Le *sâdava,* échelle à six notes, compte quatorze espèces (*vidha*) et quarante-sept modes (*prakâra*) (?) [62];
on l'a déjà défini pour chacune des *jâtis,* à propos des
prakâras des toniques.

84 L'*audava,* échelle à cinq notes, compte dix espèces
et trente modes; la définition en a été donnée précédemment.

85 L'échelle à six notes, à cinq notes, ainsi que celle à
quatre notes s'emploient dans les *dhruvâs avakrstâs* [63].

86 Le nombre des [notes susceptibles d'être] toniques,
dans l'ensemble des *jâtis* des deux modes, s'élève à
soixante-trois; elles sont en même temps notes initiales.

87-97   INDICATION DES TONIQUES-INITIALES DES DIX-HUIT *jâtis.*

Noms des jâtis.	*Notes toniques-initiales.*
madhyamodîcyavâ	*pañcama*
nandayanti.......	*pañcama*
gândhârapañcami.......	*pañcama*
dhaivati..............	*dhaivata* *rsabha*
pañcami	*pañcama* *rsabha*
gândhârodîcyavâ.	*sadja* *madhyama*
ârsabhi.	*nisâda* *rsabha* *dhaivata*

Noms des jâtis *(suite).*	*Notes toniques-initiales (suite)*
nišâdi	*nišâda* *gândhâra* *ršabha*
šadjakaiçiki	*šadja* *gândhâra* *pañcama*
šadjodîcyavati	*šadja* *madhyama* *nišâda* *dhaivata*
karmâravi	*pañcama* *ršabha* *nišâda* *dhaivata*
ândhri	*gândhâra* *ršabha* *pañcama* *nišâda*
madhyamâ	*šadja* *ršabha* *madhyama* *pañcama* *dhaivata*
gândhâri	*nišâda* *šadja* *gândhâra* *madhyama* *pañcama*
raktagândhâri	*nišâda* *šadja* *gândhâra* *madhyama* *pañcama*
šâdjî	*dhaivata* *gândhâra* *šadja* *madhyama* *pañcama*

Noms des jâtis *(suite).*	*Notes toniques-initiales (suite).*
kaiçikí...............	*šaḍja* *gândhâra* *madhyama* *pañcama* *dhaivata* *nišâda*
šadjamadhyamâ........	*šaḍja* *ṛšabha* *gândhâra* *madhyama* *pañcama* *dhaivata* *nišâda*

98   Telles sont les soixante-trois toniques-initiales des *jâtis;* dans toute *jâti* les initiales sont toujours identiques aux toniques..

99   Dans toutes les *jâtis,* les groupes (*gana*) [de toniques (?)] sont appelés *trijâti* (?); il y a progression dans le nombre des notes [susceptibles d'être toniques] comme suit :

100   un, deux, trois, quatre, cinq, six, sept.

101   Le décompte des toniques-initiales a été fait précédemment. [L'auteur le résume à nouveau :]

1 *amça*	*madhyamodicyavâ....................* [*pa*] *gândhârapañcamí.................* [*pa*] *nandayantí* (consacrée à l'amour)........... [*pa*]
2 —	*dhaivatí* } .... [*ri, dha*] les reines des šâḍavâs (?) *pañcamí* } .... [*ri, pa*] *gândhârodicyavâ....* .... [*sa, ma*]
3 —	*âršabhí.....* .... [*ri, dha, ni*] *nišâdiní.......................* [*ri, ga, ni*] *šadjakaiçiki.........* .... *sâ, ga, pa.*
4 —	*šadjodicyavatí................* *sa, ma, ni, dha.* *karmâravi...................* *ri, pa, ni, dha.* *ândhrí.....................* *ri, pa, ni, ga.*

5 amças	*šâḍjî*	*sa, ga, ma, pa, dha.*
	madhyamâ	*sa, pa, ri, ma, dha.*
	gândhârî	*sa, ma, ga, ni, pa.*
	raktagândhârî	*sa, ma, ga, ni, pa.*
6 —	*kaiçikî*	*sa, ga, ma, pa, ni, dha.*
7 —	*šaḍjamadhyâ*	*sa, ri, ga, ma, pa, dha, ni.*

Telles sont les soixante-trois toniques.

[Suit un développement incomplet, et à coup sûr intercalé :]

108 . . . .

Au moment de la représentation (*prayogakâle*) on doit faire d'abord l'*âçrâvanâ* [64].

109 On l'exécute à l'aide des trois *mârgas* [65] : *citra, vârtika* et *dakšina*, et avec le concours des quatre *gîtis* [66] : *mâgadhî*, etc.

110 Le prélude pur (*pûrvaranga-çuddha*) [67] terminé, on exécute la dernière partie (?) de l'*âçrâvanâ* (*kândikâçrâvanâ*); puis les *âsâritas* [68]; puis vient l'indication (?) (*jalpana*) des toniques des *jâtis*.

111 . . . .

[Lacune]

[L'indication des divers éléments de chacune des *jâtis* est encore une fois reprise et complétée [69] :]

112-114 šâḍjî.

5 amças : les sept notes à l'exclusion de *nišâda* et *ršabha*.
apanyâsas ; *gândhâra, pañcama*.
nyâsa : *šadja*.
šâḍava : supression de *nišâda*.
alpatva : *nišâda, ršabha*.
samcâra : *šadja-gândhâra, dhaivata-šadja*.
bâhulya : *gândhâra*.

115-117 àršabhî.

amças : *dhaivata, ršabha, nišâda*.
apanyâsas :   — id. —
nyâsa : *ršabha*.

alpatva : *niṣâda.*
laṅghana, en montant (?) : *pañcama.*
ṣatsvara : suppression de *niṣâda.*
pâñcasvarya : suppression de *niṣâda* et *pañcama.*
samcâra : les notes *vivâdins* [*dha-ni, ri-ga*].

118-120 dhaivatî.

2 amças : *dhaivata, ṛṣabha.*
nyâsa : *dhaivata.*
apanyâsas : *dhaivata, ṛṣabha, madhyama.*
pâñcasvarya : *ṣadja, pañcama* (suppr.).
ṣâḍava : *pañcama.*
laṅghana, en montant (?) : *niṣâda, ṛṣabha.*
balavant : *gândhâra.*
[G ajoute :] sampûrṇâ, par suite de la présence des notes supprimées.

121-122 niṣâdî.

amças : *niṣâda, gândhâra, ṛṣabha.*
apanyâsas :   — id. —
nyâsa : *niṣâda.*
ṣâḍava et auḍava : comme pour *dhaivatî.*
laṅghanîya et balavant :   — id. —

123-124 ṣaḍjakaiçikî.

amças : *ṣadja, gândhâra, pañcama.*
apanyâsas : *ṣadja, niṣâda, pañcama.*
nyâsa : *gândhâra.*
le hînasvarya fait défaut.
daurbalya : *dhaivata, ṛṣabha.*

125-127 ṣaḍjodîcyavatî.

amças : *ṣadja, madhyama, niṣâda, dhaivata.*
nyâsa : *madhyama.*
apanyâsas : *dhaivata, ṣadja* (*ṛṣabha*, G).
samcâra : les *amças.*
pâñcasvarya : *pañcama, ṛṣabha.*
ṣâḍava : *ṛṣabha.*
balin : *gândhâra.*
[G. ajoute :] laṅghana : les notes du *pâñcasvarya.*

128-130 šadjamadhyâ.

> aṃças : les sept notes.
> apanyâsas : — id. —
> nyâsa : *šadja* ou *madhyama*.
> pâñcasvaryą : *gândhâra, nišâda*.
> šâḍava : *nišâda*
> saṃcâra : les sept notes.

131 Telles sont les *jâtis* du mode *šadja;* suivent celles du mode *madhyama*.

132-134 gândhârî.

> 5 aṃças : exclusion de *nišâda* et *ṛšabha*.
> apanyâsas : *šadja, pañcama*.
> nyâsa : *gândhâra*.
> šâḍava : *ṛšabha*.
> auḍavita : *ṛšabha, dhaivata*.
> laṅghanîya : *ṛšabha, dhaivata*.

135-136 raktagândhârî.

> Les éléments : nyâsa, hînasvarya et autres (aṃças)
> sont identiques à ceux de gândhârî.
> [L'auteur ajoute :]
> balin : *dhaivata, nišâda*.
> saṃcâra : *gândhâra-šadja*.
> šâḍava : *ṛšabha*.
> apanyâsa : *madhyama*.

137-138 gândhârodîcyavâ.

> 2 aṃças : *šadja, madhyama*.
> le pâñcasvarya fait défaut.
> šâṭsvarya : *ṛšabha*.
> alpa et bahutva : comme pour *šadjodîcyavâ*.
> nyâsa et apanyâsas : — id. —

139-141 madhyamâ.

> aṃças : exclusion de *gândhâra* et *nišâda*.
> apanyâsas : — id. —

nyâsa : *madhyama.*
pâñcasvarya : *gândhâra, niṣâda.*
ṣâtsvarya : *gândhâra.*
bâhulya : *ṣadja, madhyama.*
laṅghana ou daurbalya (G) : *gândhâra.*

142 madhyamodîcyavâ.

aṃça : *pañcama.*
Le reste de la règle, comme pour *gândhârodîcyavâ* (pour *madhyamâ,* d'après la leçon fautive de A).

143-145 pañcamî.

2 aṃças : *ṛṣabha, pañcama.*
apanyâsas : — id. — et *niṣâda.*
nyâsa : *pañcama.*
ṣâḍava et auḍavita : comme pour *madhyamâ.*
daurbalya : *ṣadja, gândhâra, pañcama.*
saṃcâra : *pañcama* et *ṛṣabha.*
? gamana : *gândhâra.*
alpa : *niṣâda.*

146-147 gândhârapañcamî.

aṃça : *pañcama.*
2 apanyâsas : *pañcama, ṛṣabha.*
nyâsa : *gândhâra.*
pûrṇasvarâ.
saṃcâra : *gândhâra-pañcama.*

148-150 ândhrî.

4 aṃças : *ṛṣabha, pañcama, gândhâra, niṣâda.*
apanyâsas :   — id. —
nyâsa : *gândhâra.*
ṣâḍava : *ṣadja.*
saṃcâra : *gândhâra-ṛṣabha (ṣadja* G).
? nyâsa (gatyanupûrvaçaḥ) : *niṣâda, ṣadja.*
laṅghana : *ṣadja.*
l'auḍavita fait défaut.

151-153 nandayantî.

> nyâsa : *gândhâra (madhyama? G)*.
> apanyâsa : *madhyama (pañcama? G)*.
> amça : *pañcama*.
> laṅghanîya : *šadja* et la note *amça*.
> samcâra : comme pour *ândhrî*.
> ? Dans le *mandra*, il y a laṅghana de *ršabha* [au lieu de *šadja*]; mais dans le *târa* il y a laṅghana de *šadja*, qui n'est jamais dépassé [*ou* : qui parfois n'est pas supprimé] (?) *(nâtivartate)*.
> graha : *gândhâra*.
> nyâsa : — id. —
> [G ajoute :] šâḍava : *šadja*.

154-155 karmâravî.

> amças : *ršabha, pañcama, dhaivata, nišâda*.
> apanyâsas :   — id. —
> nyâsa : *pañcama*.
> le hînasvarya fait défaut.
> ? gamana : *gândhâra*.

156-159 kaiçikî.

> amças : les sept notes moins *ršabha*.
> apanyâsas :   — id. —
> nyâsas : *gândhâra, nišâda*.
> Quand *dhaivata* ou *nišâda* sont amças, le nyâsa est *pañcama*, et, dans ce cas, l'apanyâsa est parfois *ršabha*.
> šâḍava : *ršabha*.
> auḍavita : *dhaivata, ršabha*.
> balins : *šadja, pañcama*.
> daurbalya et laṅghana : *ršabha*.
> samcâra : comme pour *šadjamadhyâ*.

160   Telles sont les *jâtis* avec leurs dix éléments : elles s'exécutent combinées avec les paroles (*pada*) (?), accompagnées de mouvements rhythmiques (*karana*) [70] et de la mimique dramatique (*abhinaya*).

161   L'auteur [dans l'*adhyâya* suivant] indiquera les *rasas*

et les *bhâvas* (sentiments) [71] auxquels elles sont affectées; il dira comment chaque *jâti* s'emploie pour rendre tel ou tel sentiment.

[Nous résumons, dans le tableau ci-après, les éléments essentiels des *jâtis*.]

Mode.	Nom des jâtis.	jâtis composantes.	Etendue de l'échelle ordinaire.	NOTES SUPPRIMÉES Echelle à 6 notes.	Echelle à 5 notes.	Les 63 amças.	Les 21 nyâsas.	Les 56 apanyâsas.
śadja	šâdjî		šâḍavâ	nišâda	? nišâda ṛšabha	šadja gândhâra madhyama pañcama dhaivata	šadja	gândhâra pañcama
	âršabhî		auḍavâ	nišâda	nišâda pañcama	ṛšabha dhaivata nišâda	ṛšabha	ṛšabha dhaivata nišâda
	dhaivatî		auḍavâ	pañcama	pañcama šadja	ṛšabha dhaivata	dhaivata	ṛšabha dhaivata madhyama
	nišâdî		auḍavâ	pañcama	pañcama šadja	ṛšabha gândhâra nišâda	nišâda	ṛšabha gândhâra nišâda
	šadjodîcyavâ	šâdjî gândhârî dhaivatî	auḍavâ	ṛšabha	ṛšabha pañcama	šadja madhyama dhaivata nišâda	madhyama	šadja dhaivata
	šadjakaiçikî	šâdjî gândhârî	sampûrnâ			šadja gândhâra pañcama	gândhâra	šadja pañcama nišâda
	šadjamadhyamâ	šâdjî madhyamâ	auḍavâ	nišâda	nišâda gândhâra	šadja ṛšabha gândhâra madhyama pañcama dhaivata nišâda	šadja madhyama	šadja ṛšabha gândhâra madhyama pañcama dhaivata nišâda
madhyama	gândhârî		auḍavâ	ṛšabha	ṛšabha dhaivata	šadja gândhâra madhyama pañcama nišâda	gândhâra	šadja pañcama
	madhyamâ		auḍavâ	gândhâra	gândhâra nišâda	šadja ṛšabha madhyama pañcama dhaivata	madhyama	šadja ṛšabha madhyama pañcama dhaivata
	pañcamî		auḍavâ	gândhâra	gândhâra nišâda	ṛšabha pañcama	pañcama	ṛšabha pañcama nišâda
	gândhârodîcyavâ	šâdjî gândhârî pañcamî dhaivatî	šâḍavâ	ṛšabha		šadja madhyama	madhyama	šadja dhaivata
	raktagândhârî	gândhârî pañcamî nišâdî	auḍavâ	ṛšabha	ṛšabha dhaivata	šadja gândhâra madhyama pañcama nišâda	gândhâra	madhyama
	gândhârapañcamî	gândhârî pañcamî	sampûrnâ			pañcama	gândhâra	ṛšabha pañcama
	madhyamodîcyavâ	gândhârî madhyamâ pañcamî dhaivatî	sampûrnâ			pañcama	madhyama	šadja dhaivata
	nandayantî	âršabhî gândhârî pañcamî	šâḍavâ	šadja (G)	?	pañcama	gândhâra (madhyama ? G)	madhyama (pañcama ? G)
	karmâravî	âršabhî pañcamî nišâdî	sampûrnâ			ṛšabha pañcama dhaivata nišâda	pañcama	ṛšabha pañcama dhaivata nišâda
	ândhrî	âršabhî gândhârî	šâḍavâ	šadja		ṛšabha gândhâra pañcama nišâda	gândhâra	ṛšabha gândhâra pañcama nišâda
	kaiçikî	šâdjî gândhârî madhyamâ pañcamî nišâdî	auḍavâ (parfois sampûrnâ)	ṛšabha	ṛšabha dhaivata	šadja gândhâra madhyama pañcama dhaivata nišâda	gândhâra nišâda pañcama	šadja gândhâra madhyama pañcama dhaivata nišâda ṛšabha

NOTES ET REMARQUES ADDITIONNELLES

1 *âtodya*, (rac. *tud*, pousser, frapper), désigne ici l'ensemble des instruments de musique. Le *Dict. de Saint-Péters.*, ne donne à ce mot que le
sens d'instrument particulier, instrument à percussion. Mais nous trouvons dans les commentaires *(Rhaguvaṃça*, XV, 88. — *Éd. Calcutta*, 1833)
le terme *vâditra*, dont le sens est sûr, donné comme synonyme à ce mot.

Bharata reprend à plusieurs reprises, dans le *Nâṭya-çâstra*, cette division
des quatre espèces d'instruments de musique, à peu près dans les mêmes
termes. — Comp. VI, 27-29 (Paul Regnaud, *La Rhétorique sanskrite*. —
Textes, p. 3) ; XXXIII, 14-15 (inédit).

On compte, d'après Mohun Tagore (Public opinion... about the Bengal
Music School..., p. 27), jusqu'à 99 instruments divers en usage dans l'Inde.

2 *tata, tantrî*. (Rac. *tan*, étendre, tendre). Les instruments à cordes seraient
au nombre de 35.

3 *avanaddha*. (Rac. *nah*, attacher ; avec *ava°* : couvrir). Cette classe, appelée
aussi *ânaddha*, comprend 32 instruments à percussion, ou tambours, re-
couverts de peau.

4 *ghana*, (rac. *han*, frapper), désigne une autre classe d'instruments à percussion faits de métal. On en cite 14.

5 *suśira* ou *çuśira (Bhâratiya-nâṭya-çâstra*, XXXIII, 15, inédit). Les instruments à vent sont au nombre de 18. — Peut-être conviendrait-il de
rattacher *çuśira* à la rac. *çuś, çvas*, siffler, souffler : comp. *çuśila*, vent.

6 *pauśkara*, dérivé formé sur *puśkara*, signifie ici : relatif aux tambours,
sens qui ne se trouve pas au *Dict. de Saint-Péters.*

puśkara (comp. *puśkala)*, y est donné comme signifiant lotus bleu ; c'est
aussi la peau d'un tambour et une espèce de tambour.

On serait presque tenté d'y voir une onomatopée : *puśkara* désignerait
l'instrument qui fait *puś*, son qui serait censé reproduire le bruit du tambour. L'analogie de *dundubhi* (même sens) rend possible cette interprétation. Dans ce dernier mot l'onomatopée résulte clairement d'une stance tirée
d'un manuscrit de la Faculté des Lettres de Lyon, publié et traduit par
M. Paul Regnaud, *La Guirlande de lotus (Ann. de la Fac. des Lettres de
Lyon*, 1re année, *fasc.*, II, 1883) :

« Le tambour *(dundubhi)*, est essentiellement inintelligent ; aussi de sa bouche sort ce cri qui se répand partout : « *dhanaṃ, dhanaṃ, dhanam* », du butin, du butin, du butin!..... »

7 *tâla* signifie aussi mesure (battue avec la main, *tala)*. La cymbale est ainsi appelée probablement comme servant surtout à marquer la mesure

8 *vaṃça*, primitivement roseau, bambou.

9 *nâṭyakṛta*. Par ce mot nous entendons le drame proprement dit, c'est-à-dire le dialogue ou diction, la mimique ou gesticulation et peut-être même la danse.

10 *kutapavinyâsa*. Nous proposons pour *kutapa* le sens de groupe d'exécutants, orchestre, qui n'est pas donné au *Dict. de Saint-Péters.*, où l'on ne trouve que celui de « espèce d'instrument. » Ce sens paraît découler de notre texte, et de plusieurs passages des *adhyâyas* encore inédits. Comp. surtout V, 12, 17, 85-6, 103.

Nous avons à l'*adhyâya* XXXIII, la disposition des exécutants sur la scène, l'indication du *kutapavinyâsa* :

tatropaviṣṭaiḥ (ms. e.) praṅmukho (ms. e) raṅge kutapaniveçanaç (ca) kartavyaḥ. tatra pûrvoktayor nepathyagṛhadvârayor madhye [kutapavinyâsaḥ.] pûrvâbhimukho mârdaṅgikaḥ. tasya ca pânavakadârdurikau (ms. o) vâmataḥ. dakṣinataç cottarâbhimukho gâyakaḥ. gâyakasya vâmapârçve vainavikaḥ. dakṣinena [vaipañcika]vaṃçavâdakau. gâtur abhimukhâ gâ[y]ikâḥ. iti kutapavinyâsaḥ.

11 *parigraha*. L'entourage du chanteur, c'est probablement le groupe des chanteuses (*gâyikâ*). Comp. *adhyâya* XXXIII, endroit cité.

12 *vipañcî. (dvi-pañcan ?)* espèce de luth à sept cordes : il se joue avec un plectre d'acier. Pour la description de cet instrument et des suivants, on peut consulter la petite plaquette de Mohun Tagore : *Short notices of Hindu musical instruments*, Calcutta, 1877 ; — ainsi que la compilation de textes sanskrits du même auteur : *Saṃgîta-sâra-saṃgraha*, Calcutta, 1875, — *adhyâya* IV, p. 177 et suiv. (Voyez encore un article de M. Rost dans l'*Athenæum*, n° 3132, p. 612.)

13 *viṇâ*, autre nom de luth, instrument très ancien et très connu. Les espèces en sont nombreuses : *çrutiviṇâ, citrâviṇâ, brahmaviṇâ, rudraviṇâ, kacchapi*, etc., etc.

14 *mṛdaṅga*, instrument à percussion, sorte de tambour recouvert de peau, dont on joue avec les mains. Comp. *mardala*, même sens (rac. *mard*, frotter, écraser ?)

15 *paṇava*, petit tambour à mains, couvert de peau. Le synonyme *praṇava* autorise peut-être l'étymologie *pra-nu*, résonner, retentir.

16 *dardura*, et *dardara*. Autre tambour. Nous hésitons à assigner à ce mot le mode de formation par onomatopée. On peut y voir encore un redoublement de la racine *dar*, éclater avec bruit, fendre.

17 *nânâdeçasamâçraya*. L'exécution scénique varie suivant les pays. Nous entendons par là que le dialogue, suivant les personnages qu'il met en scène, emprunte tel ou tel dialecte (*bhâṣa*). Comp. *adhyâya* XVII, 27 (inédit) :

nânâdeçasamuttham hi kâvyaṃ bhavati nâṭake ǁ
mâgadhy avantijâ prâcyâ sûraseny arddhamâgadhî ǀ
bâhlîkâ dâkṣiṇâtyâ ca sapta bhâṣâḥ prakîrtitâḥ ǁ

18 *alâtacakrâpratimam*, à l'image d'un cercle de feu, c'est-à-dire en étroite relation, sans solution de continuité. Comp. *Râmâyana*, éd. Gorresio, III, 29, 4; IV, 5, 25 (*alâtacakravac cakram bhramato*).

19 *vâdya*. Ce terme est un de ceux par lesquels on désigne la musique instrumentale. C'est un synonyme du mot *âtodya*. Il se rattache comme *vâditra*, même sens, à la rac. *vad*, parler, appeler. Le 33e *adhyâya* du *Nâtyaçâstra* est intitulé *vâdyâdhyâya* ou *bhândavâdya°*.

20 *gândharva*. Nous avons vu (*çloka* 4; comp. *çloka* 10) que le *tata* comprend la musique vocale et, dans la musique instrumentale, les instruments à cordes et à vent. Il faut probablement y faire entrer encore les instruments à percussion du genre *ghana*. Le genre *avanaddha* seul resterait en dehors de cette grande classe, et en constituerait une à lui seul (*çloka* 3). Le drame (diction, mimique, danse?) forme la troisième grande division.

Nous voyons que le corps humain, le luth et la flûte sont les trois *instruments* sur lesquels repose la science du *gândharva*. Cette science traite de trois objets distincts; elle embrasse : 1° la théorie des sons musicaux; 2° la grammaire et la métrique appliquées au texte chanté; 3° le rhythme musical et la mesure.

Cette classification surprend un peu nos habitudes : elle réunit sous une même expression des catégories que nous distinguons soigneusement : elle est trop large ou trop étroite. Nous la jugeons peu fondée.

Le nom de *gândharva*, donné au genre déjà désigné par le mot *tata*, atteste la facilité avec laquelle les Hindous entassent, sans raison logique, divisions sur divisions, et ajoutent les dénominations aux dénominations.

Ce terme revient assez souvent dans les textes avec le sens général de science, parfois d'exécution musicale.

Il est peut-être intéressant de remarquer que le *gândharvaveda*, un des quatre *upavedas*, donné comme annexe au *sâmaveda*, est attribué par l'auteur Madhusûdanasarasvatî à notre *muni* Bharata. Cet *upaveda* serait un véritable traité (*çâstra*) consacré au chant, à la musique instrumentale et à la danse, et son objet serait, entre autres choses, le poursuite de la faveur des dieux et de l'état extatique appelé *nirvikalpa*.

(Voy. *Indische Studien*, I, p. 22, et comparez Râm-Dâs-Sen, *Aitihâsikarahasya*, I, p. 164).

Nous croyons cependant, avec le prof. A. Weber (*Ind. lit.*, 2e éd., p. 290), que le mot *upaveda* ne désigne pas un traité véritable et distinct, mais que sous ce terme générique on classe un ensemble d'ouvrages rattachés par leur objet à l'un ou à l'autre des *védas*. Peut-être est-ce une allusion aux *adhyâyas* du *Nâtya-çâstra* qui traitent plus spécialement du chant de la musique et de la danse?

Nous noterons encore que dans le drame *Mrcchakatikâ* (Acte III, 1) Vardhamanaka attend son maître qui est allé entendre un *gândharva*. Le scoliaste explique ce terme par l'expression *samgîtasahitam gîtam* : on peu donc le rendre par notre mot « concert ». (Paul Regnaud, *Le Chariot d Terre-Cuite*, t. II, p. 26, notes.)

21 *gândharva*. Ce sont, nous dit Bharata, les *gandharvas* qui ont donn leur nom à cette partie de l'art musical. Les *gandharvas* étaient des être

mythologiques, revêtus de fonctions et d'attribus divers, prenant part aux
luttes des dieux sur la terre ou au ciel, avant d'être confinés au rôle de musiciens du paradis d'Indra. Si nous en croyons l'auteur du *Raghuvamça*
(XV, 88, éd. Calcutta, 1832), ce fut le héros Bharata qui opéra la transformation :

« Ce fut alors que Bharata, ayant défait dans une bataille les *gandharvas*, leur enleva leurs armes, et les réduisit aux seuls instruments de musique. »

bharatas tatra gandharvân yudhi nirjitya kevalam |
âtodyam grâhayâmâsa samatyâjayad âyudham ||

22 *svara*. Ce mot est pris dans la même page, croyons-nous, sous trois ac-
ceptions différentes. Nous lui donnons d'abord le sens général de « son
musical », puis nous le restreignons à celui de « note »; enfin, en grammaire il désigne le son voyelle.

Bharata distingue le son vocal et le son instrumental. Le premier est
produit par le luth corporel (*çârîrî vinâ*), autrement dit par les cordes vo-
cales ; le second par le luth fait de bois (*dâravî*). (Comp. *Amarakoça*, Bombay, 1882, I, 7, 1, p. 40). Quelques théoriciens hindous complètent cette
classification, en distinguant encore le son produit par les instruments à
vent, comme la flûte, etc. (Voyez : Mohun Tagore, *Six principal Râgas,
with a brief wiew of Hindu Music.* — Calcutta, 1877, p. 5. — *Samgîta-
sâra-samgraha,* I, p. 21, l. 11, 12. Texte du *Samgîta-nârâyana*).

Remarquons que les éléments des deux *vînâs* sont à peu près les mêmes,
bien que l'énumération de ceux de la *vînâ* instrumentale soit plus complète. Nous ne croyons pas qu'il y ait lieu d'attacher une bien grande importance à cette division, qui paraît oubliée dans le reste de l'*adhyâya*.

Parmi les termes de cette énumération, les *vrttis*, les *varnas*, les *alam-
kâras*, les *dhâtus*, les *gîtis* seront définis et exposés dans le 29ᵉ *adhyâya ;*
les *sthânas* l'ont été, comme nous l'avons déjà dit, dans le 17ᵉ-19ᵉ. Les autres
font l'objet de l'*adhyâya* publié par nous, et seront expliqués plus loin.

23 *pada*. Ainsi que nous le voyons par l'énumération qui le suit, ce mot doit
être pris dans le sens de texte, de paroles du chant. La science qui étudie
les éléments du *pada* n'est autre que la grammaire et avec elle la métrique;
elles n'ont, la première surtout, que des rapports lointains avec la musique.

Bharata consacre à l'exposé des règles du *pada* un *adhyâya*, le 14ᵉ.

On y trouve déjà, mot pour mot (*çloka* 5), le 16ᵉ *çloka* de notre texte. Dans
le 32ᵉ *adhyâya* il reprend enfin l'exposé du *pada nibaddha* et *anibaddha*.

24 *tâla*. Le 31ᵉ *adhyâya*, intitulé *tâlavyañjaka*, est consacré tout entier à
l'étude du rhythme musical et de la mesure.

Le ms. A, dont nous avons adopté le texte, n'offre que 19 subdivisions du
tâla, au lieu des 21 annoncées. Nous en avons parfait le nombre dans notre interprétation, à l'aide des variantes de G.

25 *Les notes*. Si l'on considère les noms donnés en sanskrit aux sept notes de
l'échelle musicale, on est tenté d'expliquer l'origine de la plupart de ces
dénominations par le rang que les notes occupent dans l'échelle. Telle paraît être du moins l'explication du nom de *madhyama*, donné à la note
placée au milieu des deux tétrachordes, et de celui de *pañcama*, à la cinquième. (*Indische Studien*, IV, p. 351). Ce qui permet de croire que cette

interprétation est exacte, c'est que la septième note, *niṣâda*, est très souvent désignée par le mot *saptama*.

M. Adolphe Régnier en propose, il est vrai, une autre; car les sept notes ne sont pas toujours désignées sous les noms que nous trouvons dans l'ouvrage de Bharata, ni disposées dans le même ordre. Après avoir indiqué le rang que Wilson attribue à ces notes dans son *Dictionnaire sanskrit*, il ajoute : « *pañcama*, » *cinquième*, marquerait que le souffle qui forme la *septième* note vient de cinq places ou organes. Au reste, il faut bien admettre des explications de ce genre pour rendre raison de la plupart des noms de la seconde liste [*sama, çukra, aṣṭama, prathama, dvitîya, caturtha, mandra*], donnée par le scoliaste, et particulièment de celui d'*aṣṭama*, ou « huitième », dans une énumération qui ne comprend que sept objets ». (*Rig-Veda-Prâtiçâkhya*, Journal Asiatique, 1858, 5e série, t. 11, p. 325).

C'est l'étymologie que nous trouvons attribuée à la note *ṣaḍja*, dans un texte du *Saṃgîta-sâra-saṃgraha* (p. 25), reproduit, avec variantes, par le commentateur de l'*Amarakoça* (éd. Bombay, 1882, p. 40). La note *ṣaḍja* est supposée exiger l'emploi simultané de six organes : le nez, le gosier, la poitrine, le palais, la langue et les dents; elle naît de ces six organes.

nâsâṃ kaṇṭham uras tâluṃ jihvâ ṇ dantâṃç ca saṃspṛçan |
ṣaḍbhyaḥ saṃjâyate yasmât tasmât ṣaḍja iti smṛtaḥ ||

Il est vrai que le *Dict. de St-Péters.* entend que la note *ṣaḍja* est née des six autres notes, qu'elle repose sur elles; — explication bien peu satisfaisante, car la note *ṣaḍja* serait plutôt le fondement des six autres. (Voyez encore *Indische Studien*, IV, p. 351.)

Pour l'étymologie des quatre notes qu'il nous reste à examiner, nous citerons l'opinion du prof. A. Weber. (*Indische Studien*, IV, p. 140, note.)

« *Niṣâda* et *gândhâra*, dit-il, tirent leur nom du cri perçant et sauvage des peuples montagnards que ces termes désignent; *ṛṣabha* et *gândhâra*, du beuglement sourd du taureau et du chant uniformément doux des pêcheurs. En tout cas, ces désignations sont assez anciennes, car on perdit bientôt généralement la notion des Gândhâras ».

Quand ils veulent solfier ou noter un chant, les Hindous se servent de la syllabe initiale du nom qui désigne chaque note : ce qui donne pour l'échelle la disposition suivante :

sa, ri (et non *ṛ*), *ga, ma, pa, dha, ni.*

Ces abréviations sont employées même dans les textes, principalement dans les énumérations en vers. (Comp. *Nâṭya-çâstra*, çl. 103-107).

Le prof. A. Weber a émis, après Bohlen (*Das Alte Indien*, 1830, II, p. 195-6) et Benfey (art. *Indien.* p. 299, *Encycl. d'Ersch et Grüber*), l'hypothèse que notre gamme occidentale, établie par Gui d'Arezzo sous la forme *do, re, mi, fa, sol, la,* pourrait bien nous être venue de l'Inde, par l'intermédiaire des Arabes et des Persans. (*Ind. Lit. Geschichte*, 2e éd., p. 291, 367; et *Indische Streifen*, III, p. 544.)

26 *ṣaḍja*, etc. Les noms des sept notes subissent parfois dans la transcription quelques déformations. Ainsi Mohun Tagore écrit : *ṣarja, riṣava*... Si nous en croyons W. Jones et J. Paterson, *ṣaḍja* devrait être prononcé *ṣarja* ou *kharja*; *ṛṣabha* : *rikhabh*; *niṣâda* : *nikhad*. Nous avons déjà

signalé dans notre texte (p. 23) des traces analogues de prâkritisme.

Les auteurs européens s'entendent généralement pour établir ainsi la correspondance entre les notes des gammes hindoue et occidentale :

sa, ri, ga, ma, pa, dha, ni.
C, D, E, F, G, A, B.
do, ré, mi, fa, sol, la, si.

Voyez surtout Mohun Tagore : *Sic principal Râgas, Introd.*, p. 42 ; — Burnell, *The Arsheyabrâhmana, Introd.*, p, 42 ; — *Hindu Music from various authors* (Mohun Tagore ; Calcutta, 1875), p. 41, etc., etc. ; — et consultez *contra* Fétis, *Histoire de la Musique*, II, p. 206, note.

7 *çruti.* Le *nâda*, ou son physique, son brut, donne naissance aux *çrutis*, qui, à leur tour, constituent les éléments essentiels des *svaras* ou notes. Un son doué d'une qualité musicale est appelé *svara*. Il n'est *çuddha svara*, ou pur, naturel, que s'il possède toutes ses *çrutis*, — s'il possède, dirions-nous, le nombre de vibrations qui lui est propre.

Nous trouvons donc les *çrutis* à la base des sons musicaux ; aussi est-il nécessaire de bien démêler la nature et la signification de ce mot.

Il se rattache à la racine *çru*, écouter, entendre ; sa signification commune est audition, fait d'entendre. Dans l'acception musicale, les *çrutis* sont des molécules de son perceptibles par l'oreille, les éléments les plus subtils des sons :

ele tu dhvanibhedâḥ syuḥ çravaṇât çrutisaṃjñitâḥ |

Saṃgîta-ratnâvali

(Cité par Mohun Tagore : *Hindu Music, reprinted from the Hindu Patriot*, 1874, p. 16.)

çrutayaḥ syuḥ svarabhinnâ' çravaṇatvena hetunâ |

Saṃgîta-parijâta (çl. 38, éd. Calcutta, 1884).

Nous n'avons pas, dans nos langues, de terme précis qui rende ce mot *çruti :* la *çruti* est une quantité fixe ; mais, selon la position dans l'échelle de la note à laquelle ils appartiennent, ces intervalles correspondent à des quarts de ton, à des tiers de ton ou à des demi-tons.

28 *Notes consonantes.* La théorie des quatre catégories, sous lesquelles se rangent les notes, varie suivant les auteurs : leurs définitions sont des plus contradictoires. Nous nous bornerons aujourd'hui à faire quelques observations sur le texte de Bharata, qui présente lui-même certaines difficultés.

Remarquons d'abord que le nombre des *çrutis* de l'échelle étant de 22, on trouvera entre deux notes consonantes 9 ou 13 *çrutis*, suivant qu'on montera ou descendra la gamme.

Si nous nous en tenions strictement à la définition de Bharata, nous devrions modifier le tableau que nous donnons des notes consonantes.

Dans le mode *ṣaḍja* nous comptons 9 *çrutis* entre *ri* et *pa :* ces deux notes seraient donc aussi consonantes en *ṣaḍja.* De plus, en *madhyama* nous devrions éliminer du tableau *ri* et *dha*, qui ont entre elles 12 *çrutis ;* mais en revanche ajouter *dha* et *ga, pa* et *sa.*

29 *Notes dissonantes.* La définition que nous donnons des notes dissonantes n'est guère concluante : car, vérification faite, les notes désignées comme telles se suivent avec un intervalle de 3 *çrutis* et non de 20. Peut-être faut-il corriger dans le texte *viṃçatikam* en *triçrutikam*. Nous n'avons

pas cru pouvoir, sans y être autrement autorisé, hasarder cette restitution. Disons cependant que tous les théoriciens s'accordent à mentionner les no-, tes *ri-ga, dha-ni* comme dissonantes.

30 *Notes auxiliaires.* La définition est présentée sous une forme peu satisfaisante. Il n'était pas besoin d'indiquer qu'une même note ne pouvait, étant tonique, être en même temps sa propre auxiliaire. Pour dresser le tableau, nous n'avons à notre disposition que le texte de G, très sujet à caution. Nous le donnons cependant tel quel, mais en remarquant que dans ce tableau figurent d'une part *pa-sa*, de l'autre *pa-ri, ni-ga* qui, d'après les indications précédentes, sont déjà consonantes, — tout comme les notes *dha-ri* pour lesquelles nous avons fait des réserves.

31 *Manque de justesse.* Nous n'osons répondre que cette interprétation soit exacte ; mais nous n'en voyons pas d'autre possible.

32 *grâma.* Le mot *grâma*, littéralement : groupement, village, signifie, dans son acception musicale, un groupe (*samûha, samdoha*) de notes disposées convenablement (*suvyavasthâna*). Le prof. A. Weber (*Ind. Lit. Geschichte*, 2ᵉ éd., p. 367-8), croit pouvoir faire dériver de ce mot sanskrit *grâma* (pràkrit *gama*) le français *gamme* et l'anglais *gamut*, empruntés au *gamma* de Gui d'Arezzo ; et y voir un témoignage direct de l'origine hindoue de notre échelle européenne à sept notes. (Comparez *Public Opinion*,..., publié par Mohun Tagore, supplément, p. 12 ; et A. Weber, *Ind. Streifen*, III, p. 544.)

33. *Mode sadja, madhyama.* Nous n'avons pas cru devoir, pour éviter toute confusion, traduire, conformément au procédé habituel, par *gamme sadja*, *gamme madhyama*. Les deux *grâmas* sont, selon nous, deux modes distincts de la gamme ; il y a entre eux une différence analogue à celle qui sépare, dans notre musique occidentale, le mode majeur du mode mineur.

Dans le *madhyamagrâma*, — du moins d'après notre texte, — la série des notes commençant à *ma* (Mohun Tagore la fait commencer à *sa*), ne présente pas le même nombre de *çrutis* disposées dans le même ordre que dans le *sadjagrâma*, qui peut être considéré comme le mode de la gamme-type. En d'autres termes les intervalles affectés aux notes ne suivent pas la même disposition dans les deux *grâmas* : ils diffèrent par autre chose que par le choix de la tonique. Il n'y a que deux *çrutis* en *sadja* entre la troisième et la quatrième, il y en a quatre en *madhyama* ; inversement, tandis que le premier de ces modes présente quatre *çrutis* entre la quatrième et la cinquième, le second n'en compte que deux.

Ajoutons que la différence est encore plus sensible entre les deux *grâmas* que nous venons d'indiquer et le *gândhâragrâma*, un troisième mode que plusieurs théoriciens, postérieurs à Bharata, mentionnent. Ils déclarent, il est vrai, qu'il est tombé en désuétude, ou même qu'il n'a jamais été en usage que chez les dieux, ce qui ne les empêche pas, du reste, d'en présenter la définition et l'échelle.

34 *Vingt-deux intervalles.* L'ordre naturel de cette énumération serait : quatre, trois, deux, quatre, quatre, trois, deux. Le déplacement s'explique peut-être par les nécessités du mètre.

35 *apakṛṣta.* En d'autres termes, *pañcama* perd une *çruti* au profit de *dhaivata*, et se trouve réduit à ses trois premières *çrutis* (*svopântaçrutisam-*

stha) en *madhyama,* alors que, dans la gamme primitive, cette même note *pañcama* est naturelle (*nirvikârin*). — (*Saṃgîta-sâra-saṃgraha,* p. 28).

Cette théorie n'est pas celle que présente Mohun Tagore. Pour lui « le *madhyamagrâma* est déduit du *ṣaḍja* par la réduction de l'intervalle entre *pa* et *dha* d'une *çruti,* et la position de *ni* deux *çrutis* plus bas dans l'échelle (*Six principal Râgas,* Introduction, p. 24).

36 *Théorie des çrutis.* Nous donnons, en suivant pas à pas le texte, une traduction approximative de cette démonstration obscure, dont nous n'avons pu dégager un sens satisfaisant. La lacune du ms. G, résultat d'une confusion évidente, contribue encore à rendre douteuse la lecture du seul manuscrit que nous ayons à notre disposition.

Nous en sommes réduit à remarquer que les deux notes du premier luth, dont il est question tout d'abord, *ga* et *ni,* possèdent chacune 2 *çrutis* (2×2 = 4) ; les deux suivantes, *ri* et *dha,* chacune 3 (3×2 = 6) ; les trois dernières *pa, ma, sa,* chacune 4 (4×3 = 12), ce qui nous donne bien, au total, les 22 *çrutis* de l'échelle musicale.

37 *Les mûrchanâs.* La série des notes qui constituent la gamme peut être ou ne pas être *mûrchanâ.* Quand ces notes sont considérées comme produites chacune séparément, sans liaison, il n'y a pas *mûrchanâ.* Mais si elles se suivent sans interruption de l'une à l'autre dans l'échelle ascendante ou descendante, en produisant une série continue de sons régulièrement disposés, alors les *mûrchanâs* prennent naissance. En d'autres termes, il y a *mûrchanâs* dans une gamme qu'on monte ou qu'on descend en liant les notes, dans une seule émission de voix.

C'est du moins l'interprétation que nous suggèrent les textes sanskrits, car il est difficile d'imaginer une diversité d'opinion plus grande que celle qui a divisé sur ce point les divers auteurs européens.

Les définitions des théoriciens hindous sont ordinairement d'un vague désespérant. Nous citerons seulement celle que donne le *Saṃgîta darpaṇa* (*Saṃgîta-sâra-saṃgraha,* p. 30) ; elle est un peu plus explicite :

« La montée (*âroha*) ou la descende (*avarohana*) des sept notes en gradation (*kramât*), c'est ce qui constitue la *mûrchanâ* : il y en a sept pour chacun des trois *grâmas.* »

38 *uttaramandrâ,* etc. Les dénominations affectées aux quatorze *mûrchanâs* —portées à vingt-et-une par les théoriciens qui admettent trois modes, — sont empruntées aux idées et aux objets les plus divers, et ne paraissent pas mériter une grande attention.

Elles diffèrent quelque peu, suivant les auteurs, et ne sont pas toujours disposées dans le même ordre, ni affectées à la même série de notes.

Remarquons à côté de *abhirudgatâ* la forme *abhyudgatâ,* et l'analogie que présente *mârgavî* avec le nom du *sâman mârgavîya* (Burnell : *The Arsheyabrâhmana,* p. 20. — Comparez pour les noms des *sâmans: Introduction,* p. xxxv, xxxviii).

39 *de deux manières.* Pour avoir la clef de ce passage difficile, il serait nécessaire de comprendre préalablement la démonstration de la théorie des *çrutis* à laquelle l'auteur renvoie. C'est dire que nous nous bornons, comme plus haut, à une interprétation approximative.

40 *Les tânas.* Nous n'avons pas de définition des *tânas.* De ce que ce mot ne

s'applique qu'à des échelles à six ou cinq notes, nous concluons qu'il représente la classe de *mûrchanâs* appelées *šâḍavâuḍavitâkṛtâs.*

41 *pañcama.* Le *Saṃgîta-sâra-saṃgraha* (p. 32) présente une variante : à la place de *pañcama*, il mentionne ici la suppression de *dhaivata.*

42 *dhaivata.* Même observation : *pañcama* est indiqué comme supprimé au lieu de *dhaivata.*

43 *praveça, nigraha.* Nous ne sommes pas sûr de l'interprétation que nous donnons de ces mots.

44 *trois sthânas.* Les trois « organes producteurs des sons », d'après Bharata (xvii), sont : la poitrine, la gorge et la tête :

> *trîṇi sthânâny uraḥkaṇṭhaçirâṃsîti bhavanty api |*

Le mot *sthâna* peut se traduire par « qualité », « registre » de la voix. Dans la théorie hindoue, la voix humaine a une étendue de trois octaves (*saptaka*). Elle est *mandra* (grave), *madhya* (moyenne), *târa* (aiguë). La voix *mandra* a son origine dans la poitrine, et paraît répondre à notre voix de *basse.* La voix *madhya* vient de la gorge : ce serait notre *soprano.* Enfin la voix *târa* provient de la tête et représente la voix de *ténor.*

Chacun de ces trois registres est le double, en intensité, de celui qui le précède; à chacun sont affectées sept notes, sept *mûrchanâs* et vingt-deux *çrutis.*

Le corps est comparé à une lyre *(çârîrî vînâ)* : chacun des trois organes producteurs est ainsi pourvu de vingt-deux cordes qui vibrent sous l'impulsion du souffle humain, et produisent les *çrutis*, les notes, etc. (Voyez : Mohun Tagore, *Six principal Râgas, Introduction,* p. 8.)

45 *sâdhârana.* Les diverses définitions de ce mot sont très explicites et leur interprétation paraît certaine. Nous n'en dirons pas autant du développement qui suit, pour lequel — vu le mauvais état des manuscrits — nous n'avons pu donner qu'une traduction provisoire.

Nous trouvons dans le *Saṃgîta-parijâta* (éd. Calcutta, 1884, p. 7, çl. 73), une définition analogue de ce mot :

> *yasmât çuddhasvarâd evaṃ prâptasaṃjñaḥ çrutîr jaguḥ |*
> *sâdhâraṇyaṃ bhavet teśâm anyaçrutigatatvataḥ || 73 ||*

L'auteur ajoute :

> *sâdhâraṇaḥ kâkâlîli tathâ kaiçika ity api |*
> *tîvratîvrataras tîvratamo 'py ukto manîśibhiḥ || 77 ||*

46 *kâkalî.* Nous avons de ce mot une définition étymologique assez claire pour qu'il n'y ait pas lieu d'y rien ajouter. Nous nous bornerons à renvoyer à l'explication qu'en donne l'*Amarakoça* (éd. Bombay, 1882, p. 41, 2) : C'est, d'après l'auteur, un son faible, ténu, doux, peu aigu. Dans *kâkali*, ajoute le commentaire, entre l'idée de ténuité (*sûkṣma*), de petitesse (*kala*); *kâkalî* correspond à *iśat* (un peu) *kala* : la particule *kâ* formée sur *ku* se prenant aussi dans le sens de *iśat.*

47 *antara.* Nous remarquons que les seules notes dont il soit question dans cet exposé de la théorie des *sâdhâraṇas* sont les deux notes qui possèdent deux *çrutis;* le terme de *kâkali* paraît être réservé à *niśâda*, celui d'*antara* à *gândhâra.* (Comparez *Saṃgîta-sâra-saṃgraha*, p. 30, l. 15-18.)

48 *kaiçika* est formé sur *keça*, cheveu et signifie : de l'épaisseur d'un cheveu.

49 *râga.* Nous ne prenons pas ce mot dans le sens technique qu'il a chez les

théoriciens postérieurs à Bharata. Il a fini par désigner « des formules mélodiques — pour nous servir des heureuses expressions d'un savant com-
pétent en ces matières, M. Gevaërt, — des thèmes, (semblables aux an-
tiennes-types du plain-chant), sur lesquels les musiciens établissent sans
cesse de nouveaux chants, en variant les rhythmes, en ajoutant des mélis-
mes, bref en amplifiant la donnée première. » (*Public Opinion*, édité par
Mohun Tagore, p. 65-67. Comp. : *Bulletins de l'Académie royale de Belgi-
que*, fév. 1877).

Nous croyons l'introduction de la théorie des *râgas* de date relativement
récente. Bharata, dans toute l'étendue du *Nâtya-çâstra* n'en donne nulle
part la définition; il ne consacre aucun *adhyâya* à l'exposé de cet élément
musical qui a pris dans la suite un développement important. Nous esti-
mons donc, — malgré une définition des *râgas* attribuée à notre auteur
par W. Jones, Mohun Tagore, etc. ; malgré quelques citations que don-
nent, comme émanant de lui, certains commentateurs de drames, — qu'à
l'époque de la composition du *Nâtya-çâstra* les *râgas* ne constituaient pas
encore un des éléments de la théorie musicale, mais qu'ils se sont peu à
peu substitués aux *jâtis*, avec lesquelles, du reste, ils semblent, pour ainsi
dire, faire double emploi.

50 *jâtis*. Nous trouvons dans quelques textes sanscrits (*Saṃgîta-sâra-saṃgraha, Saṃgîta-parijâta*), la mention des *jâtis ;* mais Bharata est, à notre
connaissance, le seul auteur qui en fasse un exposé détaillé. Il oublie cependant d'en donner la définition; le mot veut dire, « espèce » : il n'est
donc par lui-même pas très significatif. C'est du contexte, et de l'analogie
que les *jâtis* semblent présenter avec les *râgas*, que nous avons déduit le
sens de « formules indiquant les principales dispositions mélodiques des
notes, la structure possible des phrases musicales ». Elles constituent en
quelque sorte, comme les *râgas*, le squelette du chant.

51 *sâḍjî*, etc. En général ces mots, — qui manquent au *Dict. de Saint-Péters.*
— ne nous disent pas grand'chose sur l'emploi et le rôle des *jâtis* qu'ils désignent. Nous pouvons répéter pour eux ce que nous avons déjà remarqué à
propos des *mûrchanâs*. Quelques-uns sont formés d'après les noms des notes, les autres, comme *ândhrî*, sur des noms de peuples ; d'autres enfin désignent aussi certains *sâmans* (*ârṣabhî*).

52 *Les jâtis à cinq notes*. On s'explique malaisément la place attribuée à ce
développement sur les *jâtis* à six et cinq notes. Il est assez peu admissible
que ces remarques aient dû précéder primitivement la définition et l'énumération des notes toniques : le texte parait donc avoir subi à cet endroit
un déplacement. De plus, on attendrait bien plutôt l'indication de la tonique qui convient à ces *jâtis sâḍavâs* et *auḍavâs*, que les prescriptions né-
gatives qu'offrent les textes.

53 *Ces sept jâtis*. Il semble bien qu'il n'a été question que de six *jâtis* et non
de sept.

54 *Les douze notes*. Le texte est probablement altéré : nous ne voyons pas
quelles peuvent être les douze notes dont il indique la disparition.

55 *Les dix éléments*. Le *Saṃgîta-sâra-saṃgraha* (II, p. 35, l. 1-4), distingue
treize éléments des *jâtis*. Il ajoute à notre énumération : le *saṃnyâsa*, le
vinyâsa et l'*antaramârga*. Comme nous le verrons plus bas, l'interprétation

de la plupart de ces termes techniques est actuellement très malaisée.

56 *graha*. Nous utilisons pour notre traduction la définition suivante du *Saṃgîta-sâra-saṃgraha* (II, p. 34, l. 12) :

> *gîtâdau sthâpito yas tu sa grahasvara ucyate |*

57 *aṃça*. Le texte de ce long développement des caractères de la tonique est altéré, mais le sens général ressort assez clairement. Voici ce qui est dit au même propos dans le *Saṃgîta-sâra-saṃgraha* (II, p. 34, l. 14) :

> *bahulatvaṃ prayogeṣu saḥ (!) aṃçasvara ucyate |*

58 *târagati*. Le sens que nous donnons à cette expression est peu sûr. Nous pouvons peut-être rapprocher de notre définition l'hémistiche suivant du 29ᵉ *adhyâya* :

> *kramâgatas tu yas târaç caturthaḥ pañcamo' pi vâ |*

59 *mandragati*. Notre interprétation est encore moins certaine pour ce *lakṣaṇa*. Comparez à propos du *nyâsa* à l'octave [inférieur (?) plus haut, p. 64.

60 *nyâsa*. Nous avons du *nyâsa* une définition analogue dans le *Saṃgîta-sâra-saṃgraha* (II, p. 34, l. 13) :

> *nyâsasvaras tu vijñeyo yas tu gîtasamâpakaḥ |*

61 *alpatva, bahutva*. Le sens donné par nous à ces mots au *çloka* 74 est conjectural. Nous ne proposons pour tout le développement qui suit qu'une interprétation provisoire : notre texte est en si mauvais état que nous aurions peut-être mieux fait de nous abstenir de tout essai de traduction.

62 *prakâras*. Nous ne trouvons nulle part ailleurs la mention de ces quarante-sept modes du *ṣâḍava*, pas plus que des trente de l'*auḍava*. De plus, du fait que l'indication des diverses espèces du *ṣâḍava* est en prose, alors que nous avons un *ârya* pour l'*auḍava*, nous concluons à une altération du texte.

63 *dhruvâs avakṛṣṭâs*. Le 32ᵉ *adhyâya* du *Nâṭya-çâstra* est intitulé « *dhruvâvidhâna* ». Il a déjà été question de la *dhruvâ avakṛṣṭâ* au 5ᵉ *adhyâya* (*çl.* 104, etc.)

64 *âçrâvaṇâ*, une des divisions du prélude-prologue ou *pûrvaraṅga*, décrite dans le 5ᵉ *adhyâya* (*çl.* 18 et suivants) inédit, et reprise dans le 29ᵉ.

65 *mârgas*, appelés aussi *vṛttis* (29ᵉ *adhyâya*) Comp. 5ᵉ *adhyâya*, fin.

66 *gîtis*. Décrites aux 5ᵉ et 29ᵉ *adhyâyas*.

67 *pûrvaraṅga-çuddha*. Nous renvoyons encore au 5ᵉ *adhyâya*.

68 *Les âsâritas*, une des parties importantes du prélude-prologue (5ᵉ *adhyâya*). Les *âsâritas* sont au nombre de 3 : *jyeṣṭha, madhya*, et *kaniṣṭha* (*çl.* 10, 20, 21, etc.)

69 *complétée*. Par suite de l'impossibilité où nous sommes d'interpréter présentement tous les termes techniques qui désignent les éléments des *jâtis*, nous nous bornons à les faire entrer sous leur forme sanskrite dans cette énumération qui termine l'*adhyâya*. Nous remarquerons cependant que quelques-uns d'entre eux s'emploient fréquemment l'un pour l'autre, dans le même sens. Les mots *alpatva, daurbalya, laṅghanîya* paraissent être à peu près synonymes, aussi bien que *bâhulya* et *bahutva, bala* et *balavant*.

70 *karaṇa*. Les *karaṇas* sont des mouvements combinés des pieds et des

mains. Bharata (4º *adhyâya*) en énumère et définit jusqu'à cent-huit espèces.

71 *rasas*, *bhâvas*, Voir au sujet de ces mots la thèse de M. Paul Regnaud : *La Rhétorique sanskrite*. Paris, Leroux, 1884.

ERRATUM

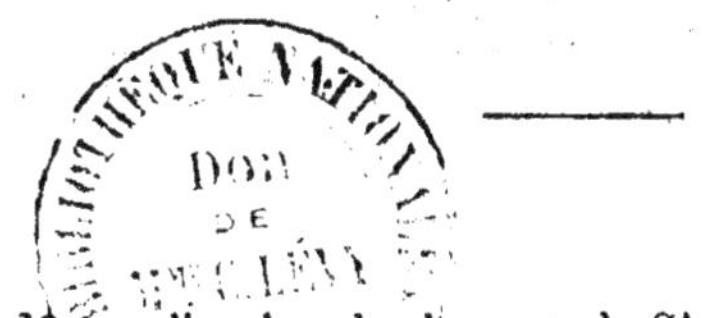

Page 6, l. 13 : au lieu de « les hymnes de Sâma-Véda », lire « les hymnes du
Sâma-Véda ».

Page 6, *note* l. 1 : au lieu de « (I, p. 132) », lire « (I, 132) ».

Page 12, *note* l. 3 : au lieu de « Haug : (Ueber », lire « Haug : Ueber ».

Page 13 : *note* l. 3 : au lieu de « d'après le ms. de G) », lire « d'après le ms. G) ».

Page 16, l. 16 : au lieu de « dont elle fait partie intégrante », lire « dont elle est
partie intégrante ».

Page 20, *note* l. 11 : au lieu de « *Bhâratîyanâtya-çâstra* », lire « *Bhâratîya-
nâtya-çâstra* ».

Page 23, l. 19 : au lieu de « *khadja* », lire « *khadja* ».

— l. 30 : au lieu de « *pâdabamgâç* pour *pâdabhâgah* », lire « *pâdabhamgâç*
pour *pâdabhâgâh* ».

Page 24, *note* l. 3 : au lieu de « dans la seconde », lire « dans le second ».

Page 26, l. 6 : au lieu de « gandharvânâm ca », lire « gandharvânâm ca ».

Page 27, l. 3 : au lieu de « samnipâtah », lire « samnipâtah ».

— l. 4 : au lieu de « layah », lire « layah ».

— l. 7 : au lieu de « °samgraho », lire « °samgraho ».

— l. 11 : au lieu de « çrutiyogatah », lire « çrutiyogatah | ».

Page 28, l. 5 : au lieu de « dhaivataśadjau », lire « dhaivataśadjau ».

Page 30, l. 18 : au lieu de « hariuâçvar abheua », lire « hariuâçvarśabheua ».

Page 31, l. 2 : au lieu de « dvayoh », lire « dvayoh »

— l. 18 : au lieu de « śadjarśabha° », lire « śadjarśabha° ».

Page 32, l. 5, 6 : lire « tânâh śadjagrâme », sans tenir compte de l' à la ligne.

— l. 14 : au lieu de « °samsparçah », lire « samsparçah ».

— *note* l. 17 : au lieu de « sâdhâraua nâmâ° », lire « sâdhârauanâmâ° ».

Page 33, l. 1 : au lieu de « yathâ rtv », lire « yathartv ».

Page 33, l. 14 : au lieu de « kśârasamj a, lire « kśârasamjña ».

Page 34, *note* l. 7 ; au lieu de « śadjî ca° », lire « śadjî câ° ».

Page 36, l. 1 : au lieu de « °śâdjîbhyâm », lire « °śâdjîbhyâm ».

Page 43, l. 3 : au lieu de « °saptamâh », lire « °saptamâh ».

Page 43, l. 7 : au lieu de « pañcamah », lire « pañcamah ».

Page 44, *note* l. 24 : au lieu de « lakśanam », lire « lakśauam ».

Page 46, l. 11 : au lieu de « grahah », lire « grahah ».

Page 46, l. 21 : au lieu de « śadja° », lire « śadja° ».

Page 62, l. 25 : au lieu de « *sâdhârana* », lire « *sâdhârana* ».

Le Puy, typographie Marchessou fils, boulevard St-Laurent, 23.

www.ingramcontent.com/pod-product-compliance
Ingram Content Group UK Ltd.
Pitfield, Milton Keynes, MK11 3LW, UK
UKHW021430090726
13657UKWH00003B/1009